1판 1쇄 인쇄 | 2023년 6월 16일
1판 1쇄 발행 | 2023년 6월 30일

글 | 김시연 **그림** | 신혜영
발행인 | 심정섭 **편집인** | 안예남
편집 팀장 | 최영미 **편집** | 한나래
디자인 | 윤보현
브랜드마케팅 | 김지선
출판마케팅 | 홍성현, 김호현
제작 | 정수호

발행처 | ㈜서울문화사
등록일 | 1988년 2월 16일 **등록번호** | 제2-484
주소 | 서울특별시 용산구 새창로 221-19(한강로2가)
전화 | 02-791-0708(구입) 02-799-9148(편집) 02-790-5922(팩스)
출력 | 덕일인쇄사
인쇄처 | 에스엠그린

ISBN | 979-11-6923-787-1
          979-11-6923-747-5 (세트)

ⓒ CJ ENM Co.,Ltd. All Rights Reserved.

본 제품은 CJ ENM㈜과 ㈜서울문화사의 상품화 계약에 의거하여
제작, 생산되오니 무단복제 시 법의 처벌을 받습니다.

들어가기

신 비
잘난 척, 용감한 척하지만 알고 보면 겁쟁이 도깨비!

수학과 친해지기 도전!
수와 연산, 규칙 찾기, 다양한 모양, 창의 수학 등을 공부하며 수학과 친해져 보자!

신비아파트는 곧 나야!

금 비
사투리 섞인 애교가 특징인 귀염둥이 도깨비!

헷갈리는 개념도 쏙쏙!
알쏭달쏭 헷갈리는 개념도 나랑 같이 공부하면 머릿속에 쏙쏙 들어올기다~!

내는 금비라칸데이~!

주 비
하늘마루 왕자 도깨비

재밌는 놀이로 어려운 문제도 술술~!
미로 찾기, 숨은 그림 찾기, 짝 잇기, 색칠하기 등 재밌는 놀이와 함께하면 어려운 문제도 술술 풀릴 것이다.

쭈까뿌뿌!

이 책의 구성

공부할 주제를 확인하고 재미있는 상황과 다양한 예시를 통하여 수학 개념을 쉽게 익힐 수 있어요.

미로 찾기, 숨은 그림 찾기, 색칠하기, 규칙 찾기 등 다양한 활동을 하며 즐겁게 공부할 수 있어요.

각 장이 끝날 때마다 공부한 내용을 복습하며 실력을 확실하게 다질 수 있어요.

차례

- ★ 들어가기 · 6
- ★ 이 책의 구성 · 7
- ★ 차례 · 8

1장 수학력UP!
알쏭달쏭 **수와 숫자** — 10

2장 수학력UP!
알고 보면 쉬운 **덧셈과 뺄셈** — 40

3장 수학력UP!
다양한 **모양** — 78

4장 수학력UP! 이리 보고 저리 보고! **비교 수학** — 114

5장 생각하는 힘을 키워 주는 **창의 수학** — 136

부록 재미있는 **생활 속 수학** — 191

★ 정답 • 210

1장

수학력 UP!
알쏭달쏭 수와 숫자

"내 나이는 8살이에요."
"우리 집은 101동이에요."
나이, 키, 몸무게, 집 주소 등 우리 주변은 수와 숫자로 이루어져 있어요. 수와 친해지면 수학도 재미있어져요. 신비와 함께 수와 숫자를 알아보고 수학 실력도 쑥쑥 올려 보세요.

숫자야, 안녕!

숫자를 알아보아요.

"내 나이는 12살이에요."
"우리 내일 3시에 만나자!"

나이, 날짜, 전화번호, 시간 등을 나타낼 때 모두 숫자를 써요.
우리가 사용하는 숫자를 **인도-아라비아 숫자**라고 해요.
0, 1, 2, 3, 4, 5, 6, 7, 8, 9 이렇게 10개의 숫자를 섞어서 쓴답니다.

수학 실력 쑥쑥!

- 0, 1, 2, 3……과 같이 수를 나타내는 기호를 **숫자**라고 해요.
- 숫자 **10**은 **1**과 **0**으로 이루어져 있어요.

○ 1부터 5까지의 숫자를 어떻게 읽는지 사다리를 타고 내려가 보세요.

숫자와 수의 다른 점

과일 가게에서 1부터 7까지의 숫자를 찾아 ○표를 해 보세요.

몇 개일까?

1개, 2개…, 이렇게 하나씩 세는 것을 **개수**라고 해.

그럼 오른쪽에 있는 아이스크림은 몇 개일까?

수	🍦	🍦🍦	🍦🍦🍦	🍦🍦🍦🍦	🍦🍦🍦🍦🍦
	1	2	3	4	5
	일	이	삼	사	오
	하나	둘	셋	넷	다섯

개수를 알아보아요.

아이스크림이나 블록처럼 하나씩 셀 수 있는 물건의 수를 **개수**라고 해요. 개수를 셀 때는 한 개, 두 개, 세 개……, 이렇게 센답니다. 여기서 **개**는 물건을 셀 때 쓰는 말이에요.

정답: 다섯 개(5개)

아래 그림에서 보기에 있는 물건 4개를 찾아 ○표를 해 보세요.

보기

개수를 세어 봐!

수와 숫자

리본 여섯 개는 숫자 6!

6개라고 써도 되지만 육 개라고 읽지 않도록 주의하자.

수	6	7	8	9	10
	육	칠	팔	구	십
	여섯	일곱	여덟	아홉	열

1 물건을 세어 보고 맞는 개수를 선으로 이어 보세요.

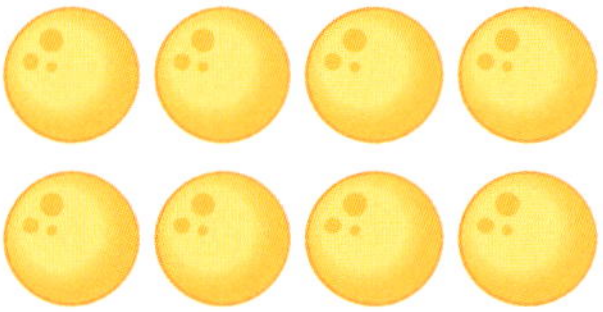

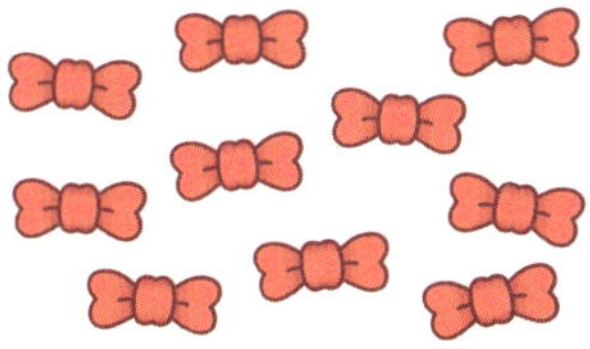

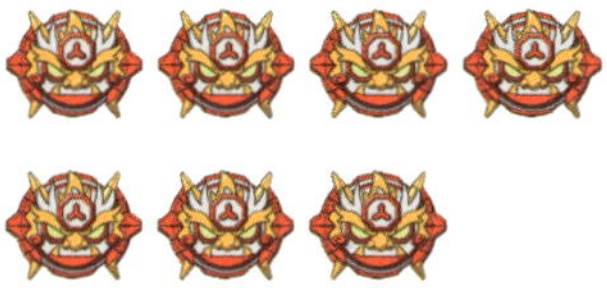

🟡🟡🟡🟡 🟡🟡🟡🟡 ★	★ 일곱
🎀들 ★	★ 여덟
🦁🦁🦁🦁 🦁🦁🦁 ★	★ 열

2 숫자와 수 세는 말을 선으로 이어 보세요.

수를 세는 말이 따로 있다고? ❶

수와 숫자

어떤 표현이 맞을까요?

나 신발 **한 개** 샀어. 어때?

신발은 **한 켤레**라고 하느니라.

① 하리   ② 주비

수를 세는 말을 알아보아요.

책 한 권

책을 셀 때는 **권**이라고 해요.

연필 두 자루

연필이나 도끼처럼 길쭉한 도구를 셀 때는 **자루**라고 해요.

신발 한 켤레

신발, 양말처럼 두 개가 한 짝을 이루는 물건을 셀 때는 **켤레**라고 해요.

정답: ② 주비

◐ 그림을 색칠하고 수 세는 말을 따라 써 보세요.

나무를 셀 때는 **그루**라고 해요.

멋진 나무 한 **그루**가 있어.

그루

동물을 셀 때는 **마리**라고 해요.

귀여운 펭귄 한 **마리**가 있어.

마리

 # 수를 세는 말이 따로 있다고? ❷

어떤 표현이 맞을까요?

"소중한 꽃 **두 개**야, 잘 자라렴."

"꽃을 셀 때는 **송이**라고 해야지!"

① 멘드레이크 ② 가은

수를 세는 말을 알아보아요.

꽃 세 송이

꽃이나 열매를 셀 때는 **송이**라고 해요.

사람 한 명

사람을 셀 때는 **명**이라고 해요.

말 한 필

소나 말을 셀 때는 **필**이라고 해요.

정답: ② 가은

말 한 필이 미로를 탈출할 수 있도록 수 세는 단위가 바른 곳으로 지나가 보세요.

숫자에도 자리가 있다!

	십의 자리	일의 자리
2	없음	2
12	1	2

두 자리 수를 알아보아요.

1부터 9까지는 한 자리 수,

10부터 99까지는 **두 자리 수**예요.

두 자리 수를 알아보고, 숫자를 따라 써 보세요.

	숫자	읽을 때	셀 때
10개	20	이십	스물
	30	삼십	서른
	40	사십	마흔
	50	오십	쉰
	60	육십	예순
	70	칠십	일흔
	80	팔십	여든
	90	구십	아흔

세 자리 수

수와 숫자

내 나이는 세 자리 수! **102**살이야.

600살 넘은 내한테는 너도 꼬마래이.

	백의 자리	십의 자리	일의 자리
102 백이	**1** 100이 1개	**0** 10이 0개	**2** 1이 2개

숫자 100과 세 자리 수를 알아보아요.

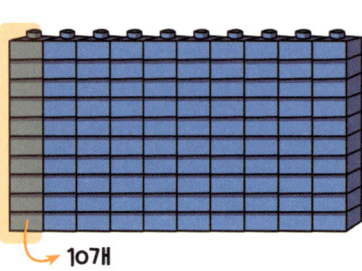

10개

10이 10개 모이면 **100**이 돼요.

100은 99보다 1 큰 수예요.

100부터 **999**까지는 **세 자리 수**랍니다.

◯ 블록 개수와 숫자를 선으로 이어 보세요.

0도 숫자야!

0을 알아보아요.

0은 **아무것도 없는 것을 나타내는 수**예요.
사과나무에 사과가 1개 있다가 없어지면 0개가 되지요.
0은 시작을 나타낼 때 쓰기도 해요. 길이나 높이를 잴 때는
1이 아니라, 0에서 시작해요.

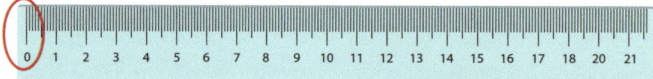

수학 실력 쑥쑥!

- **0**도 수와 개수를 나타내는 숫자예요.
- **0**은 인도-아라비아 숫자 가운데 가장 늦게 발명됐어요.

① 그림을 보고 □ 안에 알맞은 수를 쓰세요.

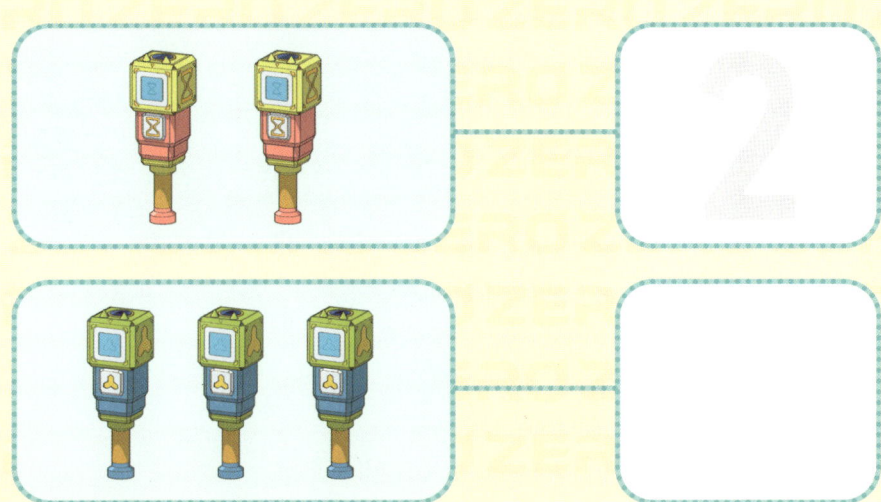

② 수를 보고 □ 안에 알맞은 개수의 그림을 그려 보세요.

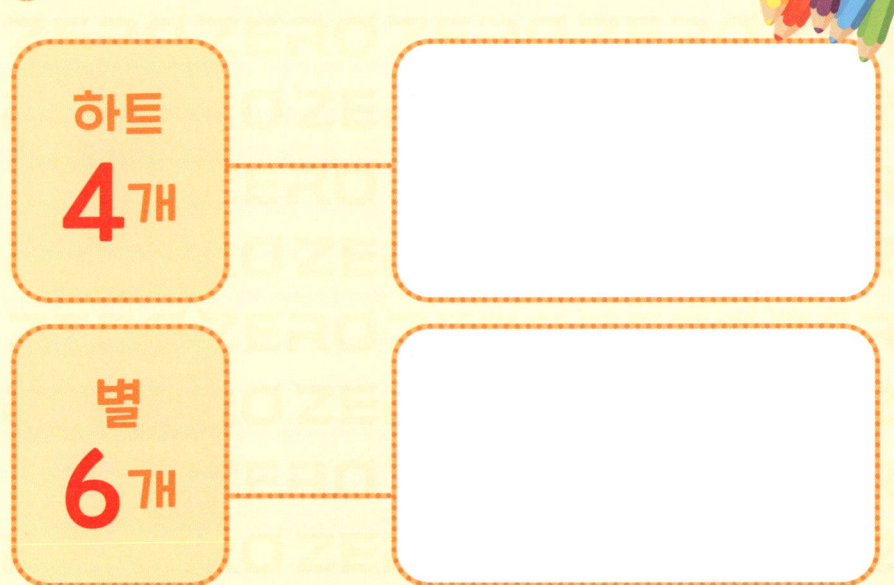

 # 둘씩 짝꿍이 되면 짝수!

짝수를 알아보아요.

2, 4, 6, 8, 10…처럼 두 개씩 짝을 지었을 때 남는 수가 없으면 **짝수**라고 해요.

1 모자를 두 개씩 묶어 보고, 모두 몇 개인지 수를 써 보세요.

모자가 모두 _____ 개 있어요.

2 짝수가 쓰여 있는 발자국만 색칠해 보세요.

하나가 남으면 홀수!

홀수를 알아보아요.

1 그림을 보고 두 개씩 묶어 보고, 모두 몇 개인지 수를 써 보세요.

반지가 모두 _____ 개예요.

세피르 카드는 모두 _____ 장이에요.

2 홀수에 ○표를 해 보세요.

순서대로 서 보자, 순서수!

순서수를 알아보아요.

"나는 우리 집에서 첫째야."
"내가 놀이터에 첫째로 도착했어."

첫째, 둘째, 셋째 등 순서를 나타내는 수를 **순서수**라고 해요. **서수**라고도 하지요. 순서를 말할 때는 기준을 정해야 정확하게 나타낼 수 있어요.

1 신비아파트 친구들이 기차놀이를 하고 있어요. 그림을 보고 두리와 하리가 앞에서 몇 번째에 있는지 빈칸에 써 보세요.

넷째

2 기차의 뒤에서 셋째에 있는 친구한테 ○표를 하고 이름을 써 보세요.

이름 _____

재미있는 규칙 찾기

수와 숫자

나한테도 **규칙**이 있어. 빨간 종이학을 발견한 사람만 잡는 거야!

나도 나만의 **규칙**이 있지.

나의 금룡 퇴마검을 받아라!

규칙을 알아보아요.

수나 모양이 일정한 순서로 반복되는 것을 **규칙**이라고 해요.
위 그림에서 색종이 색깔이 **빨강**, **파랑**, **노랑**으로 되풀이되고 있어요.
마지막에 있는 물음표에 올 색종이는 무슨 색일까요?

정답: 빨강

1 그림을 보고 규칙을 찾아 빈칸에 올 그림으로 맞는 것에 ○표를 해 보세요.

2 규칙을 찾아 물음표에 올 숫자에 ○표를 해 보세요.

힌트: 짝수

10   11   12

알쏭달쏭 수와 숫자

1 물건의 개수와 숫자, 개수 이름을 선으로 이어 보세요.

  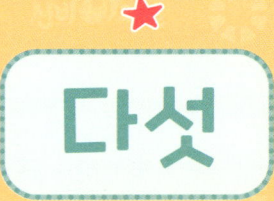

2. 그림 속에 숨어 있는 숫자를 찾아 ○표 하고, 빈칸에 써 보세요.

10

2장

수학력 UP!
알고 보면 쉬운 덧셈과 뺄셈

연필 두 자루를 선물 받으면 내 연필은
모두 몇 개가 될까요? 사탕 두 개 중에 한 개를
동생에게 주면 몇 개가 남을까요?
우리 생활 속에서 수를 더하거나 빼는 일은
자주 일어나요. 덧셈과 뺄셈의 원리를 알고
연습하다 보면 계산이 쉽고 빨라진답니다.

점점 커진다, 1 큰 수

1 큰 수를 알아보아요.

- 1보다 1 큰 수는 **2**
- 2보다 1 큰 수는 **3**
- 3보다 1 큰 수는 **4**

- 4보다 1 큰 수는 **5**
- 5보다 1 큰 수는 **6**
- 6보다 1 큰 수는 **7**

수를 보고 빈칸에 알맞은 수를 써 넣으세요.

- 8보다 1 큰 수는 ☐
- 9보다 1 큰 수는 ☐

손에 들고 있는 수보다 1 큰 수를 선으로 이어 보세요.

모아 모아, 모으기!

모으기를 알아보아요.

"내 장난감 3개와 네 장난감 2개를 모아서 같이 놀자."

둘 이상의 수를 모아 하나의 수로 만드는 것을 **모으기**라고 해요.

1 같은 그림끼리 묶어 보고, 모두 몇 개인지 써 보세요.

모두 _____ 개

2 보기처럼 그림의 수를 모아 빈칸에 써 보세요.

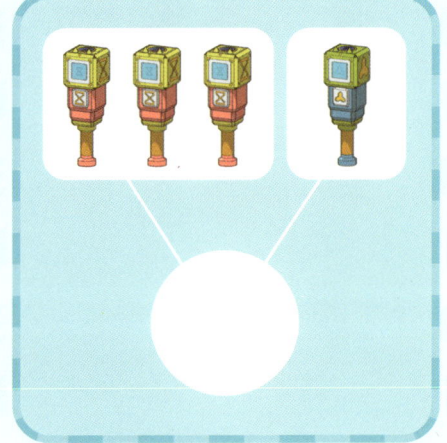

풍선은 모두 몇 개일까?

파란색 풍선 3개!

빨간색 풍선 1개를 더하면 모두 몇 개일까?

더하기를 알아보아요.

물건이 모두 몇 개인지 알아보려면 물건을 모두 모아서 세어야 해요. 파란색 풍선 3개와 빨간색 풍선 1개를 모두 세면 4개가 되지요. 이렇게 모두 모아 세는 것을 **덧셈** 또는 **더하기**라고 해요.

정답: 4개

수학 실력 쑥쑥!

- '3 더하기 1은 4'를 **3+1=4**라는 덧셈식으로 나타낼 수 있어요.

물건을 모두 더한 수를 찾아 ○표를 해 보세요.

2 + 1 = ?

2　3　4

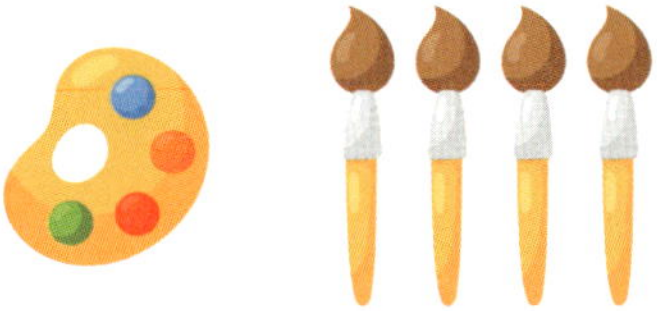

1 + 4 = ?

5　6　7

3 + 3 = ?

3　7　6

모두 더하면, 합!

합을 알아보아요.

여러 수나 식을 더한 것을 **합**이라고 해요.

○ 길을 따라 가며 연필이 모두 몇 개인지 세어 보세요.

연필은 모두 ____ 개

점점 작아진다, 1 작은 수

1 작은 수를 알아보아요.

- 2보다 1 작은 수는 **1**
- 3보다 1 작은 수는 **2**
- 4보다 1 작은 수는 **3**
- 5보다 1 작은 수는 **4**
- 6보다 1 작은 수는 **5**
- 7보다 1 작은 수는 **6**

수를 보고 빈칸에 알맞은 수를 써 넣으세요.

- 8보다 1 작은 수는 ☐
- 1보다 1 작은 수는 ☐

○ 왼쪽에 있는 수보다 1 작은 수를 빈칸에 써 보세요.

 # 갈라 갈라, 가르기!

가르기를 알아보아요.

"사탕 8개는 4개와 4개로 가르기 할 수 있어요.
그럼 똑같이 반이 되지요."

하나의 수를 둘 이상으로 나누는 것을 **가르기**라고 해요.
같은 수라도 가르는 수는 여러 개일 수 있어요.

① 리본이 각각 몇 개인지 써 보세요.

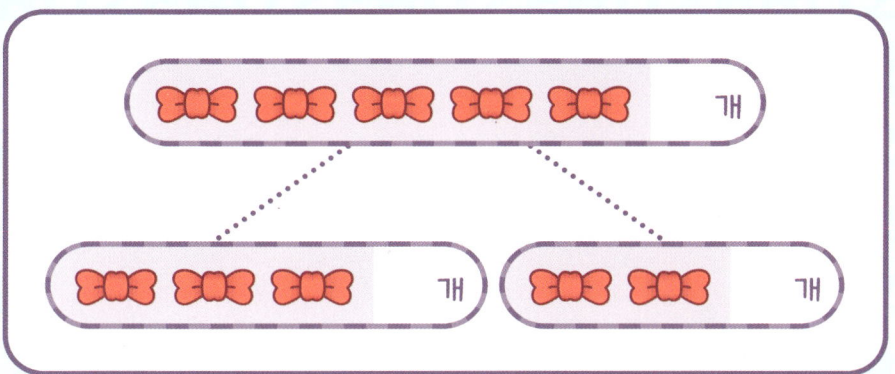

② 파란색 수를 가르기 해서 빈칸에 알맞은 수를 써 넣으세요.

남은 옷은 몇 벌일까?

덧셈과 뺄셈

이거랑 이거 2벌 사야겠다.

가은이가 2벌 샀으니까 옷이 몇 벌 **남았지?**

빼기를 알아보아요.

"옷 가게에 옷 5벌이 걸려 있었는데, 2벌을 사고 3벌이 남았어요."

이처럼 물건이나 어떤 수에서 일부를 덜어 내는 것을 **뺄셈** 또는 **빼기**라고 해요.

정답: 3벌

수학 실력 쑥쑥!

○ '5 빼기 2는 3'은 뺄셈식 **5-2=3**으로 나타낼 수 있어요.

54

네모 안에 있는 물건 중 빨간 ○표시를 한 물건을 빼면 몇 개가 남을까요? 올바른 수에 ○표를 해 보세요.

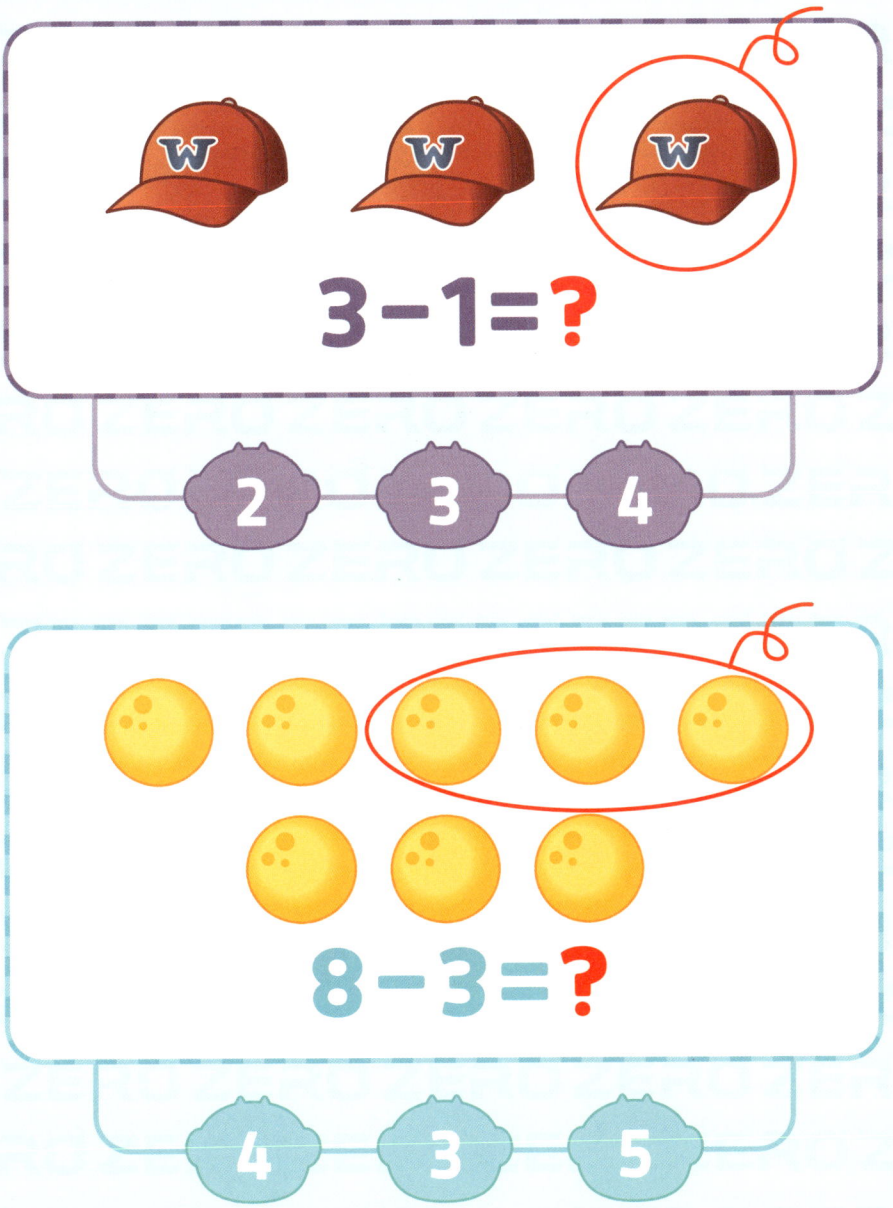

있는 것을 빼는 차!

우리 중에서 금비와 신비를 **빼면** 몇 명이 남을까?

음~, 8명에서 금비와 신비를 빼면 **6명**이 남아.

차를 알아보아요.

큰 수에서 작은 수를 뺀 값을 **차**라고 해요.
뺄셈과 차는 조금 달라요. 차는 두 수의 크기 차이를 알아보는 것이기 때문에 큰 수에서 작은 수를 빼지만, **뺄셈**에서는 앞의 수에서 뒤의 수를 뺀답니다.

차: 사과 1개와 바나나 3개의 차는 2개예요.
뺄셈: 3-1=2

C 위아래 사진을 보고 아래 사진에서 빠진 친구를 찾아 ○표를 해 보세요.

점프 점프, 뛰어 세기!

뛰어 세기를 알아보아요.

5씩 뛰어 세기

10씩 뛰어 세기

뛰어 세기는 하나씩 세지 않고 둘, 셋, 넷……, 수가 일정하게 커지거나 작아지도록 세는 것을 말해요.

수학 실력 쑥쑥!

○ 거꾸로 **뛰어 세기**도 해 보세요.

미라가 포이즌 스콜피온한테 갈 수 있도록 1부터 14까지 순서대로 길을 따라가 보세요.

쿠키는 모두 몇 묶음일까?

덧셈과 뺄셈

쿠키를 두 개씩 묶으면 몇 묶음이 되지?

묶어 세기를 알아보아요.

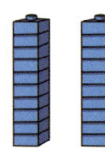

10씩 **3묶음**이면,
30 삼십, 서른

수를 셀 때 몇 개씩 묶어서 세는 것을 **묶어 세기**라고 해요.
수가 클 때 2씩, 5씩, 10씩 묶어 세면 편하게 셀 수 있어요.

정답: 5묶음

수학 실력 쑥쑥!

○ 100까지는 10씩 **묶어 세는** 것이 편해요.

도넛, 사탕, 쿠키, 조각 케이크를 2개씩 묶어서 세어 보고,
각각 몇 개인지 빈칸에 써 보세요.

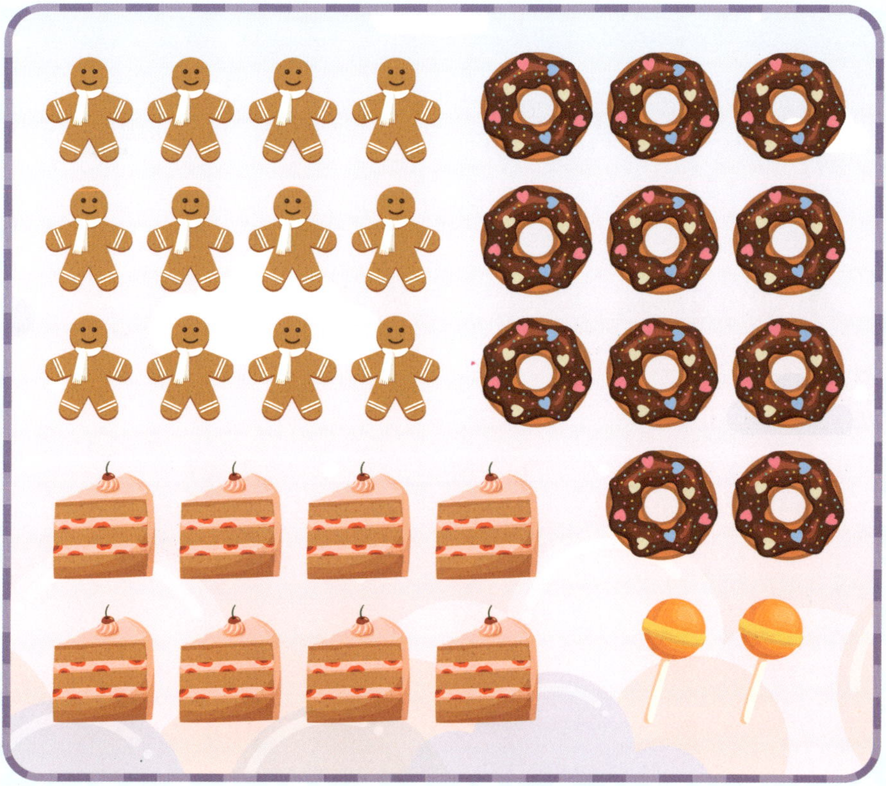

개

개

개

개

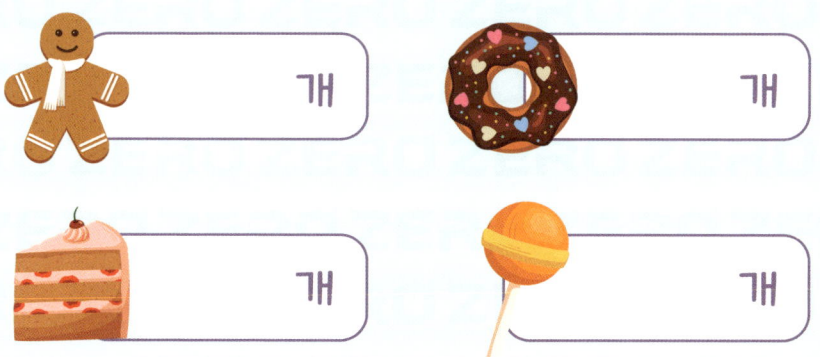

덧셈식 만들기

닭이 2마리 있었는데, 알에서 깨어난 병아리 6마리까지 **모두 8마리**가 되었어~!

덧셈식을 알아보아요.

쓰기: 2 + 6 = 8

읽기: 2 더하기 6은 8과 같습니다.

몇 개의 수를 더해 계산하거나 셈하는 식을 **덧셈식**이라고 해요.

그림을 보고 그림과 맞는 덧셈식을 선으로 이어 보세요.

| 오리 2마리 닭 3마리 | 돼지 2마리 양 2마리 | 검정 말 3마리 갈색 말 3마리 |

★ ★ ★

★ ★ ★

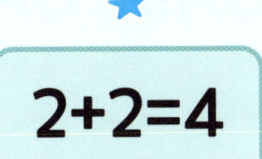 2+2=4   3+3=6   2+3=5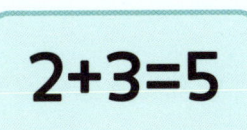

뺄셈식 만들기

8 - 2 = 6

모두 8마리가 있었는데 금비한테 2마리를 줬더니 6마리가 남았네.

뺄셈식을 알아보아요.

쓰기: 8 - 2 = 6
읽기: 8 빼기 2는 6과 같습니다.
　　　 8과 2의 차는 6입니다.

몇 개의 수를 빼서 계산하거나 셈하는 식을 **뺄셈식**이라고 해요.

신비가 하는 말을 뺄셈식으로 나타낸 경운기를 찾아 ○표를 해 보세요.

경운기에 타고 있던 5명 중 2명이 내리고 3명이 남아 있어.

5-2=3

3-1=2

수학 사총사, 덧셈 뺄셈 곱셈 나눗셈

덧셈과 뺄셈

너희가 사칙 연산 기호구나! 반가워.

나는 덧셈 기호!

나는 뺄셈 기호.

난 여러 번 빼는 식을 간단히 나타내는 나눗셈 기호!

난 여러 번 더하는 식을 간단히 나타내는 곱셈 기호!

사칙 연산을 알아보아요.

산수에는 네 가지 기본 셈(연산)이 있어요.
덧셈(+), 뺄셈(-), 곱셈(×), 나눗셈(÷)이에요.
네 가지 기호가 들어간 연산을 **사칙 연산**이라고 한답니다.

○ 다음 계산의 답을 쓰고 같은 답이 나온 것끼리 연결해 보세요.

곱셈은 알고 보면 더하기!

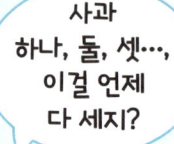

곱셈을 알아보아요.

5=5	5×1=5
5+5=10	5×2=10
5+5+5=15	5×3=15
5+5+5+5=20	5×4=20

2개 이상의 수를 곱하는 것을 **곱셈**이라고 해요.
같은 수를 거듭해 **더하는** 것을 간단하게 나타내는 거예요.

답이 같은 덧셈식과 곱셈식을 선으로 이어 보세요.

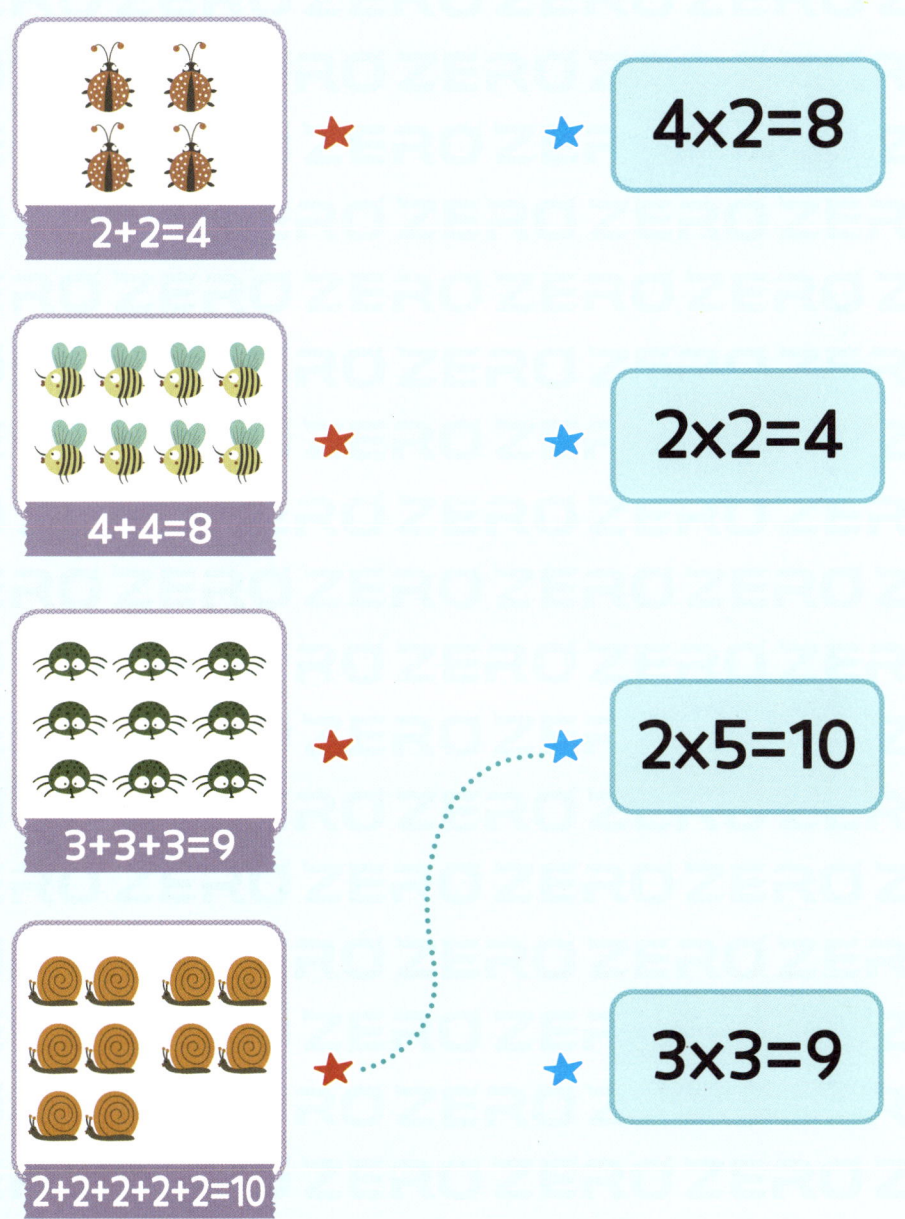

나눗셈은 알고 보면 빼기!

나눗셈을 알아보아요.

$6 \div 2 = 3$
$6 - 2 - 2 - 2 = 0$

둘 이상의 수를 나누는 것을 **나눗셈**이라고 해요.
곱셈과 반대로 나눗셈은 어떤 수에서 같은 수를 여러 번 **뺀** 거예요.

각각의 그림 개수를 세어 빈칸에 써 보세요.

덧셈과 뺄셈의 관계

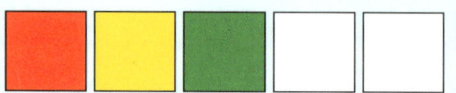

5-2=3   3+2=5

"색종이가 5장 있었는데 3장 남았네? 그럼 몇 장을 쓴 거지?"

"3장에서 2장이 더 있으면 5장이 되잖아."

덧셈과 뺄셈의 관계를 알아보아요.

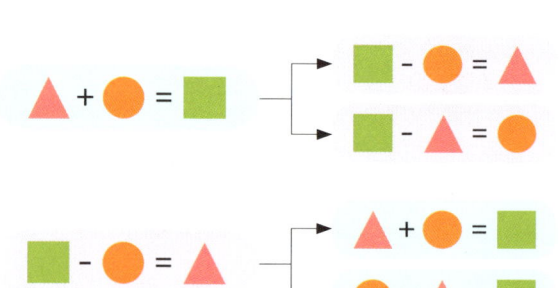

덧셈은 뺄셈으로, 뺄셈은 덧셈으로 만들 수 있어요. **하나**의 **덧셈식**은 **2개**의 **뺄셈식**으로, **하나**의 **뺄셈식**은 **2개**의 **덧셈식**으로 만들 수 있답니다.

친구들이 담장을 칠하고 있어요. 색깔 수만큼 칸을 색칠해 보세요.

빨간색 3, 파란색 2

파란색 2, 빨간색 3

노란색 4, 초록색 3

초록색 3, 노란색 4

누가 우리 집 벽에 낙서했어!

더해서 10이 되는 수

덧셈과 뺄셈

오리 6마리랑 닭 4마리를 더하면 모두 10!

꽃 5송이랑 벌 5마리를 더해도 모두 10!

더해서 10이 되는 수를 알아보아요.

0	1	2	3	4	5	6	7	8	9	10
10	9	8	7	6	5	4	3	2	1	0

위의 표처럼 더해서 10이 되는 수를 알고 있으면 쉽고 빠르게 더하기를 할 수 있어요. 반대로 10이 되는 수에서 어떤 수를 빼면 나머지 수도 금세 알 수 있지요.

10-0=10, 10-1=9
10-9=1, 10-10=0

더해서 10이 되는 수끼리 묶어 보고, 가운데 10을 색칠해 보세요.

2	5	3	7	2	8
8	2	6	9	5	5
4					7
6					3
3					8
7	9	1	5	5	4
1	0	10	1	8	6

10을 멋지게 색칠해 봐.

알고 보면 쉬운 덧셈과 뺄셈

1 빨간마스크를 색칠하고, 달력의 빈칸에 알맞은 수를 써 보세요.

7월

일	월	화	수	목	금	토
						1
		3		5		7
9		11		13		15
	17		19		21	
23		25		27		29
	31					

② 덧셈식과 뺄셈식을 보고 빈칸에 알맞은 수를 써 보세요.

3장

수학력 UP!
다양한 모양

시계, 달력, 텔레비전, 삼각김밥……. 우리 주위를 둘러보면 모든 사물이 모양으로 이루어져 있어요. 여러 가지 모양을 살펴보고, 같은 모양끼리 분류해 보며 모양 감각을 키우다 보면 수학적 사고와 공간 개념을 키울 수 있답니다.

우리 생활 속 다양한 모양

다양한 모양

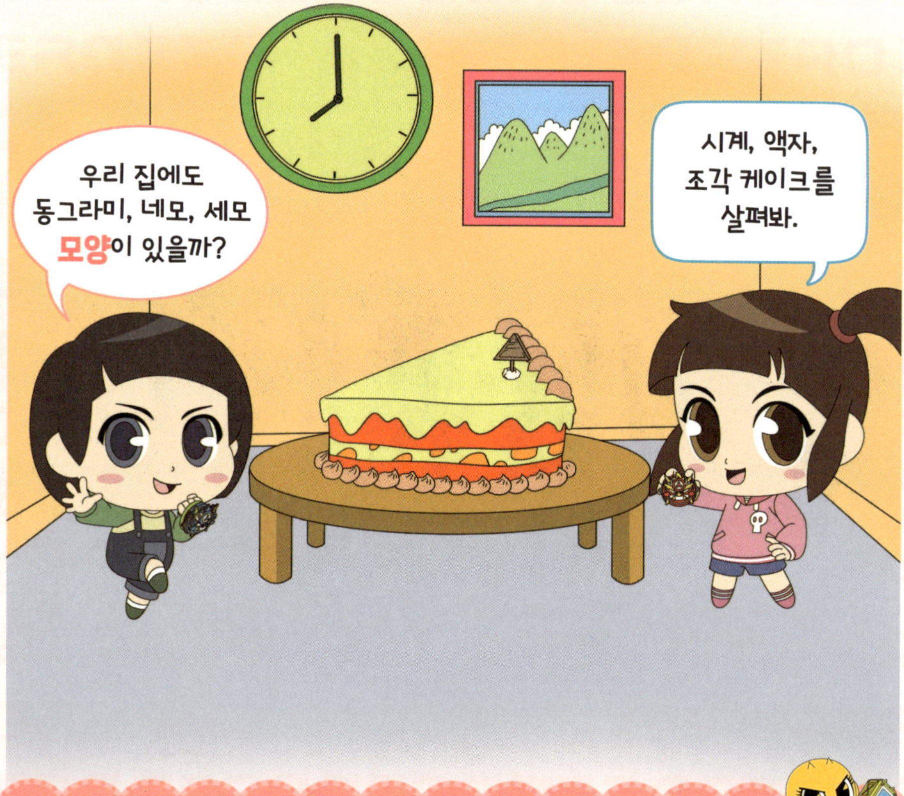
우리 집에도
동그라미, 네모, 세모
모양이 있을까?
시계, 액자,
조각 케이크를
살펴봐.

모양을 알아보아요.

모양은 겉으로 보이는 생김새를 말해요.

작은 점부터 높은 아파트까지 모두 모양으로 이루어져 있지요.

수학에서 모양은 기본으로 네모 □, 세모 △, 동그라미 ○가 있어요.

우리 주변에서 □, △, ○처럼 생긴 물건을 찾아보세요.

방에서 네모, 세모, 동그라미로 된 물건을 찾아보세요.

점을 찍어라!

다양한 모양

와~, 저 별 좀 봐!

내가 좋아하는 별자리야! 점을 찍으면 더 잘 보여.

점을 알아보아요.

점은 위치를 나타내기 위해 작고 둥글게 찍은 것이에요.
점은 그려 놓은 **위치만 있고 크기가 없지요**.
동그란 모양이라서 넓이가 있다고 생각할 수 있지만,
위치를 표시하기 위해 동그라미로 나타낸 거예요.

수학 실력 쑥쑥!

- 점은 넓이, 길이, 두께가 **없는** 도형이에요.

별자리에 있는 별을 색칠해 보세요.

점점 선이 되네?

다양한 모양

점 → 선

점을 이어서 계속 찍으면 **선**이 되지.

그럼 내 얼굴에 있는 점들도 **선**이 될까?

선을 알아보아요.

선은 금이나 줄을 말해요.

점 옆에 점, 그리고 또 점…… 이렇게 점을 쭉 이으면 선이 되지요.

선도 점과 같이 모양을 이루는 데 꼭 있어야 하는 기본 요소예요.

🟦 수학 실력 쑥쑥!

○ 끝이 없어서 길이를 알 수 없는 것은 **직선**,
  직선 사이에 두 점을 찍어 거리를 알 수 있는 것은 **선분**이라고 해요.

◯ 충호귀가 거미줄에 걸렸어요. 점선을 따라 거미줄을 그려 보세요.

넓어져라, 면!

다양한 모양

나는 너의 그런 면이 좋아!

이런 면? 아니면 이런 면?

면

면

면을 알아보아요.

면은 사물의 겉을 이루는 평평한 부분을 말해요.
점이 모이면 선, **선**이 모이면 **면**이 되지요.

면

수학 실력 쑥쑥!

○ 평평한 면은 **평면**, 공처럼 둥글게 휘어진 면은 **곡면**이라고 해요.

숫자에 적힌 색깔대로 면을 색칠해 보세요.

| 1 하늘색 | 2 초록색 | 3 연두색 | 4 노란색 | 5 빨간색 | 6 분홍색 | 7 검은색 |

피라미드에는 세모 모양이 몇 개?

다양한 모양

저기에서 보물을 가져와야 하는데…!

피라미드에 **세모 모양**이 몇 개인지 맞히면 문을 열어 주지.

세모를 알아보아요.

모두 세모예요.   세모가 아니에요.

세모는 모서리(모가 진 구석)가 세 개 있는 모양이에요.
선이 세 개이고, 선과 선이 만나는 모서리도 세 개 있어야 해요.

정답: 4개

귀신을 제외한 그림에서 세모가 몇 개인지 세어 보고 빈칸에 써 보세요.

사각사각 네모

다양한 모양

여긴 어디냐?

여긴 네모 나라다. **네모 모양**이 아니면 들어갈 수 없어!

네모를 알아보아요.

주변에서 볼 수 있는 네모

책

텔레비전

휴대폰

네모는 모서리가 네 개 있는 모양이에요.
선이 네 개이고, 선과 선이 만나는 모서리도 네 개 있어야 해요.

세모와 네모가 모여 있어요. 알록달록하게 색칠해 보세요.

역시 네모가 좋아!

 # 동글동글 동그라미

네모를 알아보아요.

주변에서 볼 수 있는 동그라미

태극무늬　　　시계　　　　　김밥

동그라미는 동그란 모양이에요.
동그라미는 굽은 선(곡선)으로만 이루어져 있어요.

같은 모양끼리 선으로 이어 보세요.

★ ★ ★

★ ★ ★

뾰족뾰족 삼각형

삼각형을 알아보아요.

수학에서는 세모를 삼각형이라고 부르기로 약속했어요.
삼각형은 선(변)이 3개 있고, 모서리에 있는 꼭짓점도 3개 있는 모양(도형)을 말해요.

◯ 모양으로 만든 덧셈식을 보고 각 모양이 어떤 수를 가리키는지 아래 빈칸에 써 보세요.

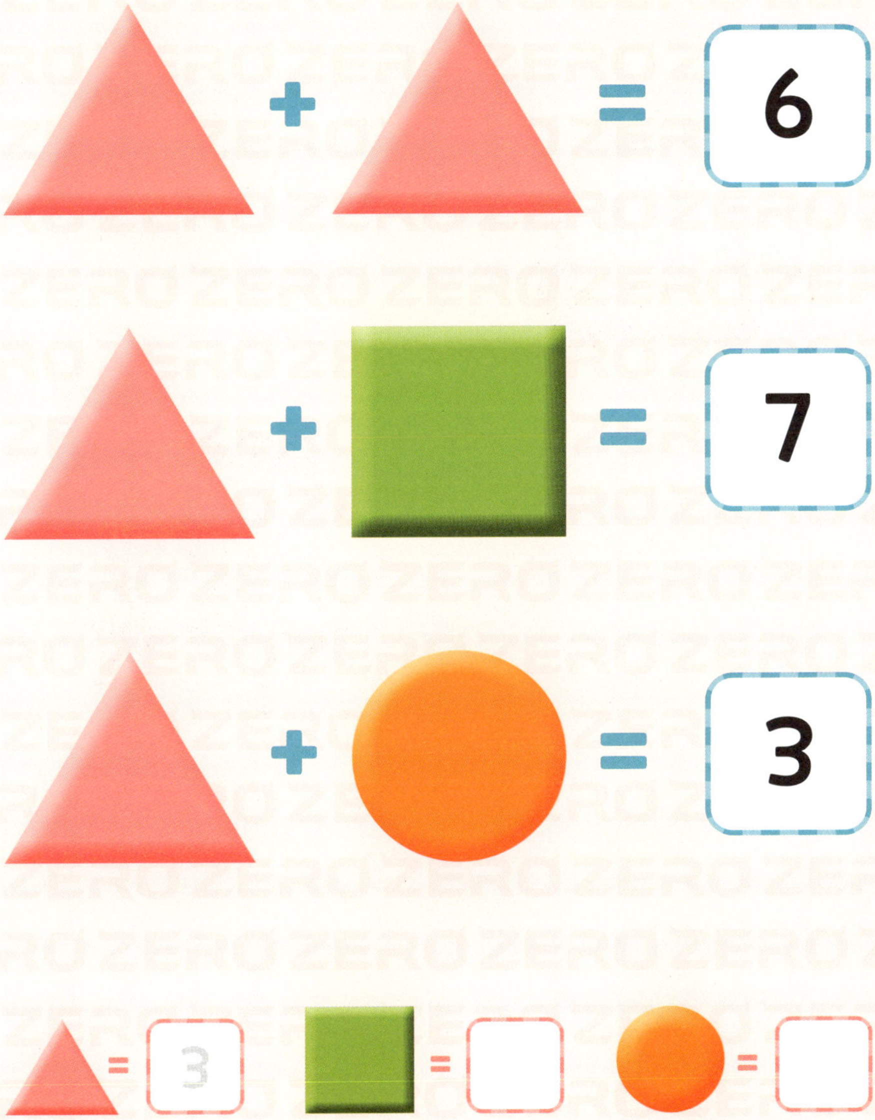

△ + △ = 6

△ + ■ = 7

△ + ● = 3

△ = 3   ■ = ☐   ● = ☐

네모의 다른 이름은?

다양한 모양

말풍선 1: 텔레비전에 내가 나왔으면 정말 좋겠네, 정말 좋겠네~♪

말풍선 2: 텔레비전에 나가려면 내가 내는 문제를 맞혀야 해.

말풍선 3: 텔레비전처럼 생긴 **네모**를 다른 말로 뭐라고 하게~?

말풍선 4: **네모**의 다른 말?

말풍선 5: 모네!

사각형을 알아보아요.

수학에서는 네모를 **사각형**이라고 해요.
사각형은 선(변)이 4개, 모서리에 있는 꼭짓점도 4개 있는 모양이에요.

정답: 사각형

찢어진 사진의 반쪽을 찾아 선으로 이어 보세요.

★

★

★

★

★

★

동글동글 원

원을 알아보아요.

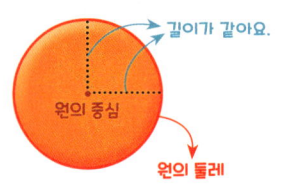

원은 곡선으로 이루어진 둥근 모양이에요. 원의 둘레를 이루는 점은 원의 중심에서 모두 같은 거리에 있어요.

물음표에 올 모양과 색깔은 몇 번일까요? ○표를 해 보세요.

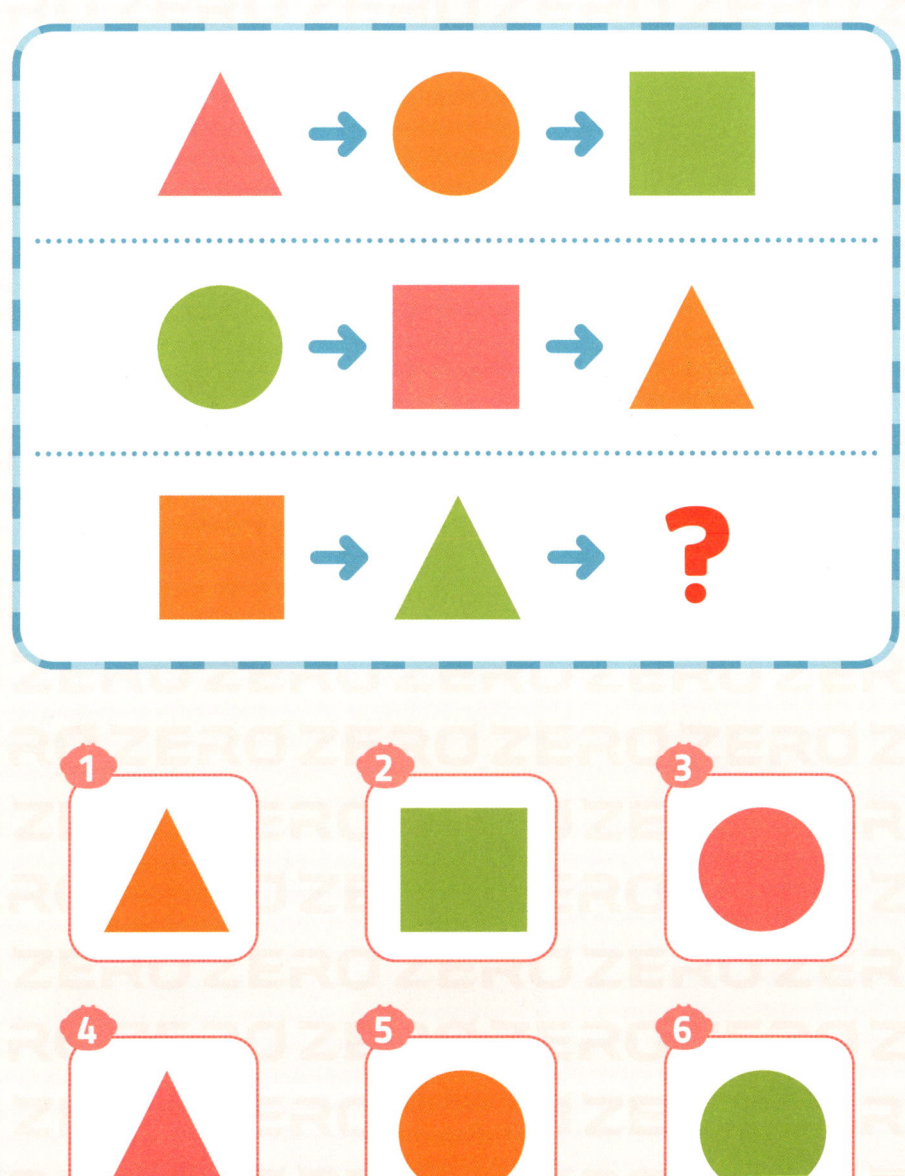

 # 누가 네모난 상자를 갖고 있을까?

① 멘드레이크   ② 현악기

상자 모양을 알아보아요.

주변에서 볼 수 있는 상자 모양

선물 상자   갑 티슈   블록

상자 모양은 네모 반듯한 모양이 길이와 폭, 두께를 가지고 있는 모양이에요.

정답: ① 멘드레이크

신비의 상자를 연두색으로 색칠해 보세요.

둥근 기둥이 우뚝, 원기둥

원기둥을 알아보아요.

여러 가지 기둥 모양

기둥은 크기와 모양이 같은 두 면이 서로 같은 거리만큼 떨어져 있는 모양이에요. 밑면이 어떤 모양이든 기둥이 될 수 있어요.
원기둥은 캔이나 딱풀처럼 동그란 밑면에 둥근 면이 있는 기둥이에요.

다음 설명은 어떤 모양을 나타내는 걸까요? 선을 따라가 보세요.

데구루루 공 모양

다양한 모양

"하리야, 왜 지구본을 보고 있어?"

"지구가 공처럼 데구루루 굴러다니면 어떻게 될까 생각했어."

공 모양을 알아보아요.

여러 가지 공 모양

구슬　　　　　지구본　　　　　축구공

공 모양은 모서리가 없고 둥근 면만 있는 모양이에요. 공처럼 완전히 둥그런 입체 도형이지요.

104

친구들이 말하는 물건은 무엇일까요? 선으로 이어 보세요.

 # 피라미드는 사각뿔일까 삼각뿔일까?

삼각기둥과 사각뿔을 알아보아요.

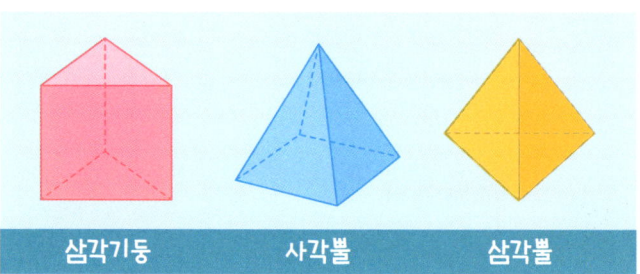

| 삼각기둥 | 사각뿔 | 삼각뿔 |

삼각기둥은 밑면이 삼각형(세모)이고, 옆면은 사각형(네모)이에요.
사각뿔은 밑면이 사각형이고, 삼각형인 4개의 옆면이 하나의 꼭짓점에서 만나 뿔처럼 솟아난 모양이에요.

정답: 피라미드는 사각뿔 모양이에요.

, 모양을 닮은 물건들이 있어요.
각 모양을 닮은 물건의 이름을 ( ) 안에 써 보세요.

모양을 닮은 물건은?

(   )

모양을 닮은 물건은?

(   )

모양을 닮은 물건은?

(   )

모양을 닮은 물건은?

(   )

나 뿔났어, 원뿔!

다양한 모양

생일이니까 하루 종일 고깔 쓰고 다녀야지~.

두리야, 뿔이 생겼네? 하나 더 붙여서 나처럼 해.

원뿔을 알아보아요.

원뿔은 밑면이 원이고 옆면이 곡면인 뿔 모양의 입체 도형이에요. 마치 고깔처럼 생겼어요.

수학 실력 쑥쑥!

○ 원뿔에는 **1개**의 **꼭짓점**과 **곡면**이 있고, 밑면은 **원**이에요.

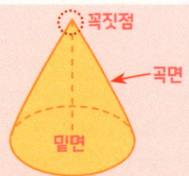

두리가 블록으로 사람을 만들었어요. 두리가 만든 블록에 들어 있지 않은 모양을 아래에서 찾아 ○표를 해 보세요.

1
2
3
4

입체 모양을 펼치면 전개도

다양한 모양

네모난 상자를 많이 만들자!

근데 이 **전개도**로 어떻게 상자를 만들지?

상자 모양 전개도

전개도를 알아보아요.

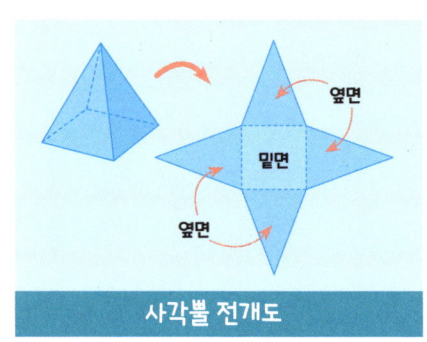

사각뿔 전개도

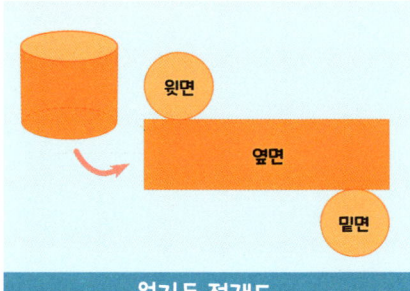

원기둥 전개도

전개도는 접었을 때 입체 도형을 만들 수 있도록 평평하게 펼친 그림을 말해요.

나머지 반쪽을 똑같이 그리고 멋지게 색칠해 보세요.

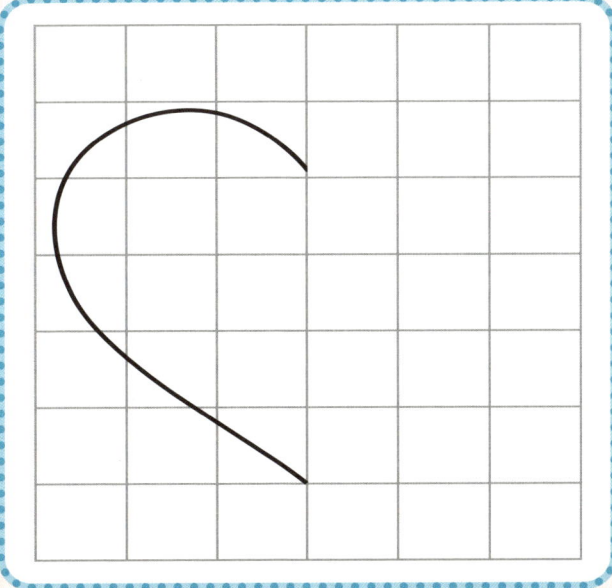

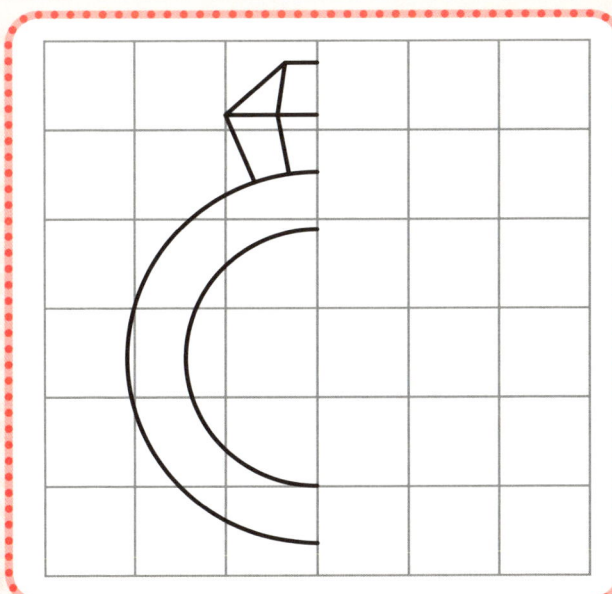

다양한 모양

① 물음표에는 어떤 모양이 있어야 할까요?
아래 모양에서 물음표에 올 모양을 찾아 ○표를 해 보세요.

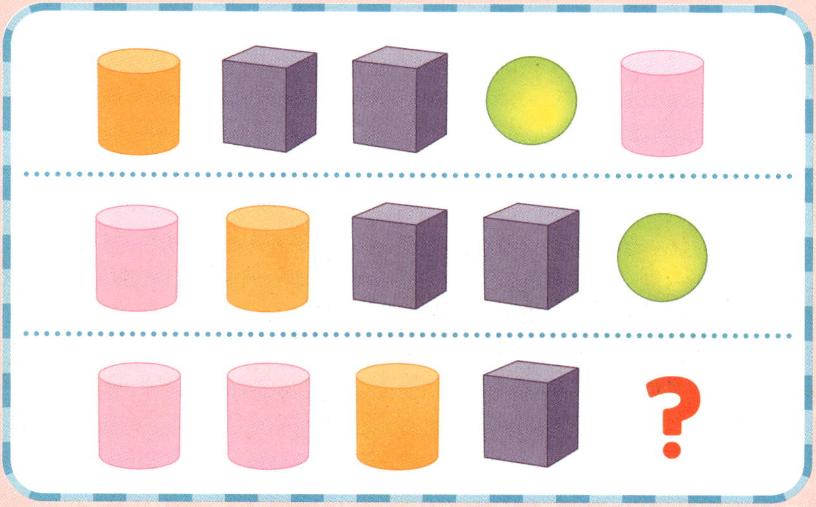

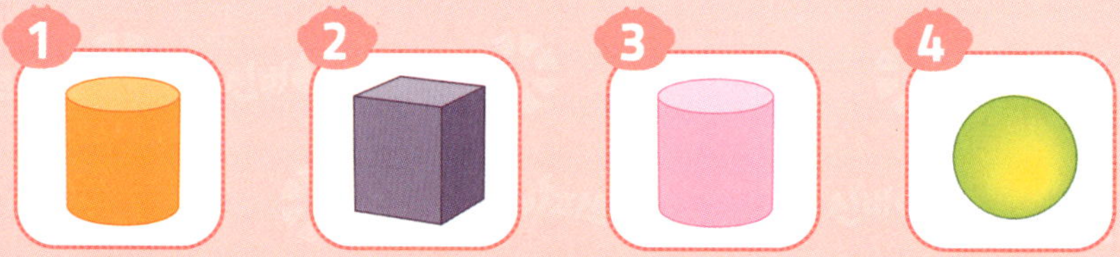

② ⬜ 네모 안에서 🟢과 🟰 모양은 각각 몇 개일까요?

3 위아래 그림을 잘 보고, 다른 곳 5군데를 찾아 ○표를 해 보세요.

4장

수학력 UP!
이리 보고 저리 보고! 비교 수학

'크고, 작다.' '길고, 짧다.'
수학은 계산만 하는 과목이 아니에요.
생활 속에서 무게를 재는 것, 길이를 대보는 것,
어떤 게 크고 넓은지 비교하는 것도 수학이지요.
신비아파트 친구들과 함께 더 넓고, 더 길고,
더 큰 수학 세상을 알아보아요.

누구의 기차가 더 길까?

① 지접귀의 장난감 기차

② 충호귀의 장난감 기차

길이를 **비교**해 보려면 한쪽 끝의 위치를 똑같이 맞춰야 해요.

길이를 알아보아요.

한 끝에서 다른 끝까지 이어진 거리를 **길이**라고 해요.
길이는 자나 줄자로 재요. 길이를 재는 도구가 없던 옛날에는 손이나 발로 길이를 짐작했어요.

정답: ② 충호귀의 장난감 기차

그림을 보고 아래 문제에서 알맞은 낱말을 찾아 ○표를 해 보세요.

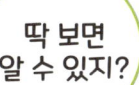
딱 보면 알 수 있지?

기차는 가장 (길다 / 짧다).

경찰차는 가장 (길다 / 짧다).

버스는 구급차보다 (길다 / 짧다).

쭉쭉 길다, 톡톡 짧다

비교 수학

내 리본은 **길어.**

내 리본은 누나 리본보다 **짧네?**

'길다, 짧다'를 알아보아요.

털이 짧아요.   머리카락이 길어요.
끈이 짧아요.   줄이 길어요.

어떤 물건의 끝과 끝의 길이가 짧은 것을 **짧다**, 긴 것을 **길다**라고 해요.

수학 실력 쑥쑥!

○ **높이, 거리, 너비, 깊이**를 재는 것도 길이와 관련이 있어요.

가장 짧은 낚싯줄을 가지고 있는 친구에게 △를 해 보세요.

길이를 더하자!

내 리본의 길이는 10센티미터(cm)야.

내 리본의 길이는 5센티미터(cm)야. 하리의 리본과 **합치면** 몇 센티미터가 될까?

하리의 리본   가은이의 리본

10cm + 5cm = 15cm

길이 계산을 알아보아요.

길이를 나타내는 **단위**는
밀리미터(mm), 센티미터(cm), 미터(m) 등이 있어요.
길이를 더하거나 뺄 때는 같은 단위끼리 계산해요.

길이 단위를 알아보아요.

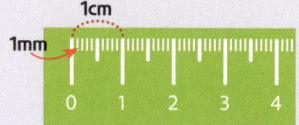

10mm = 1cm
100cm = 1m
10cm = 100mm

하리, 두리, 가은이가 강아지랑 산책하고 있어요.
친구들 손에 있는 강아지 줄의 길이를 모두 더해 보세요.
줄 길이를 아래 눈금 위에 표시하면 쉽게 더할 수 있어요.

길이 어림하기

비교 수학

길이 어림하기를 알아보아요.

자나 줄자처럼 길이를 재는 도구가 없을 때 대강 알아보는 것을 **길이 어림하기**라고 해요. 익숙한 물건이나 신체를 이용하면, 길이를 어림짐작해 볼 수 있지요.

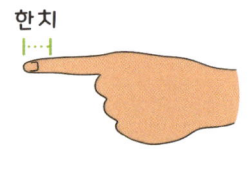
손가락 한 마디

한 뼘

한 걸음

1 학교에 숨어 있는 현악귀를 찾아 ○표를 해 보세요.

2 가은이와 현우 중 운동장 둘레 길이를 더 빨리 재는 사람에 ○표를 해 보세요.

어떤 건물이 더 높을까?

비교 수학

와~, 파란색 건물 진짜 높데이~!

초록색 건물이 더 높아~!

높이를 알아보아요.

높이는 사람의 키, 나무, 건물처럼 아래서부터 얼마나 위로 길게 솟아 있는지를 나타내요.
'**높다**', '**낮다**'는 두 대상을 비교해 높이가 높은 것을 높다고 하고, 낮은 것은 낮다고 하지요.

정답: 초록색 건물

1 건물에서 가장 높은 곳에 있는 귀신에게 ○표를 해 보세요.

2 신비 아래층에 있는 귀신은 누구인가요?

1

2

3

무게가 무겁다, 가볍다

무게를 알아보아요.

수박이 무거워요.   딸기는 가벼워요.
아빠는 무거워요.   동생은 가벼워요.

무게는 물건의 무거운 정도를 나타내요.
무겁다는 무게가 많이 나가는 것,
가볍다는 무게가 적게 나가는 것이지요.

사다리를 타고 내려가서 가장 크고 무거운 과일을 먹게 될 친구한테 ○, 가장 작고 가벼운 과일을 먹게 될 친구한테 △ 표를 해 보세요.

양이 많다, 적다

"내 떡이 금비의 떡보다 적은 것 같아!"

"아이고, 남의 떡이 커 보인다카더니."

"니랑 내 떡 양은 똑같데이."

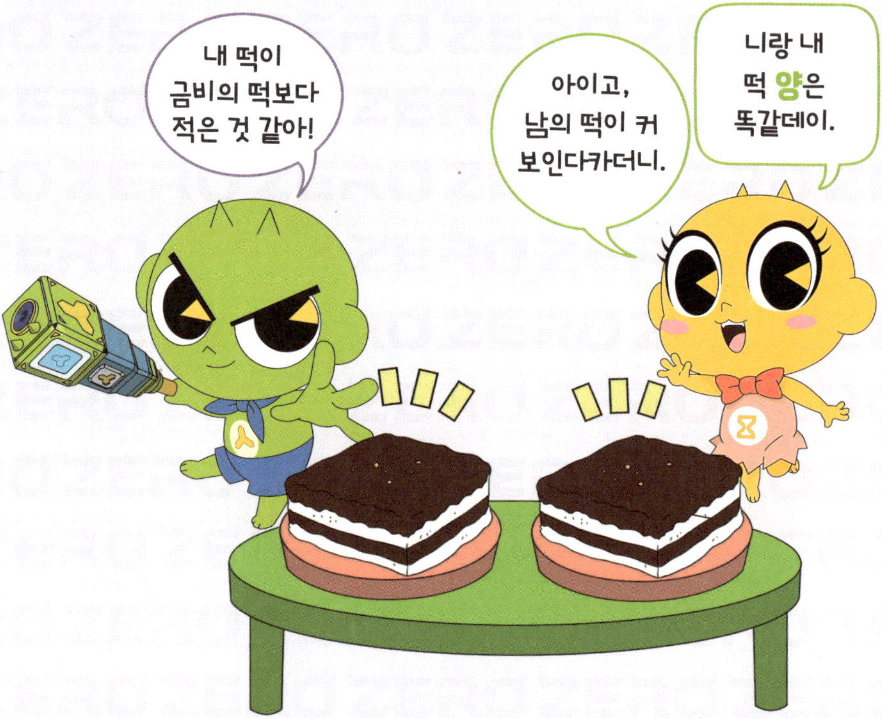

양을 알아보아요.

혼자 먹기에는 밥의 양이 **많아요**.
둘이 먹기에는 떡볶이 양이 **적어요**.
신비의 아이스크림 양이 금비의 것보다 **많아요**.

세거나 잴 수 있는 분량 또는 수량을 '**양**'이라고 해요.
양은 많다, 적다로 나타내지요.

아이스크림 중에서 양이 더 적은 아이스크림은 분홍색, 양이 더 많은 아이스크림은 보라색으로 색칠해 보세요.

넓이가 넓다, 좁다

넓이를 알아보아요.

운동장이 넓어요.   교실은 좁아요.
거실이 넓어요.   방 안이 좁아요.

평면이나 공간의 크기를 **넓이**라고 해요.

넓이는 **넓다, 좁다**로 나타내요.

○ 위아래 그림을 보고 다른 곳 5군데를 찾아 ○표를 해 보세요.

크기를 비교할 때는 부등호

부등호를 알아보아요.

4 > 2 (4가 2보다 크다.)
2 < 4 (2가 4보다 작다.)
3 = 3 (3과 3 두 수가 같다.)

부등호는 두 수나 두 식 사이의 크고 작은 관계를 나타내는 기호예요. 앞에 수가 더 클 때는 >, 뒤에 수가 더 클 때는 <, 두 수가 같을 때는 = 를 쓰지요.

같은 귀신 중 다른 부분이 있는 하나를 찾아 ○표 해 보세요.

이리 보고 저리 보고! 비교 수학

1 가장 긴 연필은 빨간색, 가장 짧은 연필은 노란색으로 색칠해 보세요.

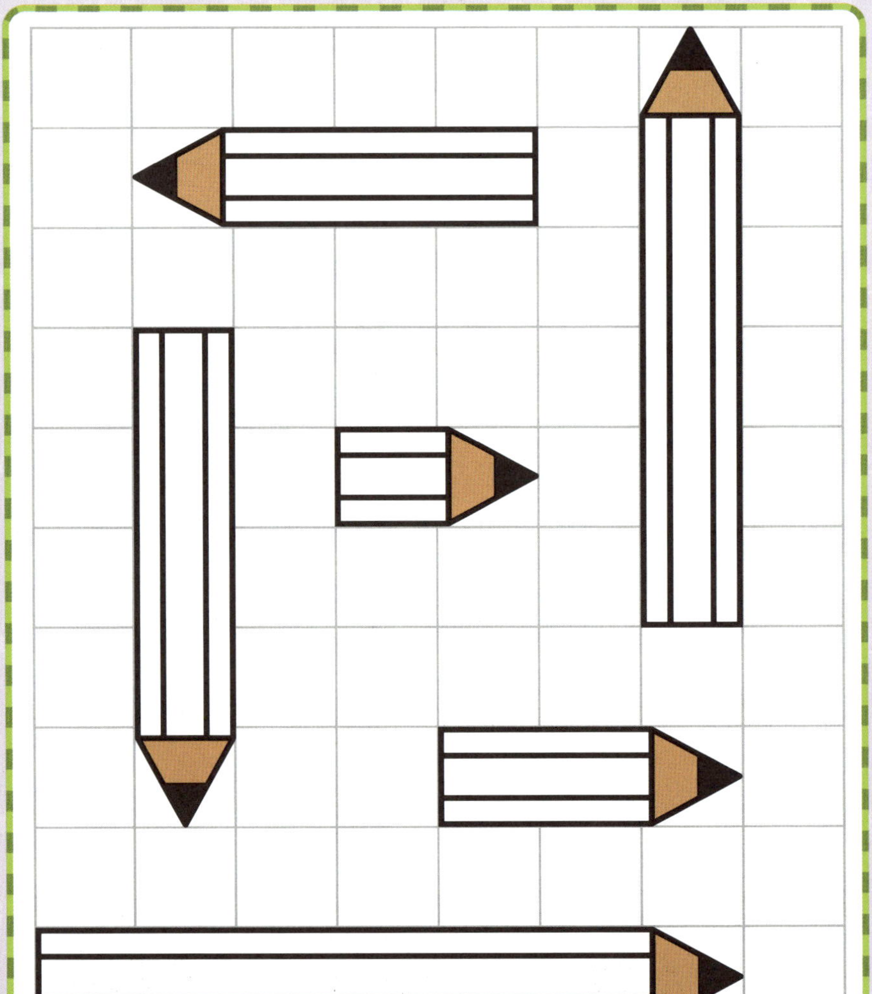

*네모 칸의 개수를 활용해요!

2 보기와 똑같은 위치로 놓인 과일 4개를 찾아 □ 표시를 해 보세요.

3 그림을 보고 보기에서 알맞은 부등호를 골라 ○ 안에 써 보세요.

보기 > < =

5장

생각하는 힘을 키워 주는 창의 수학

우리가 생활 속에서 수학과 만나면
어떤 재미있는 일들이 벌어질까요?
배우면 배울수록
즐거움과 **창의력**을 얻을 수 있는
수학을 함께 알아보아요.

우리 주변의 수와 숫자

앞 | 신비 | 금비 | 주비 | 두리 | 하리 | 뒤

이야기 수학

나는 **10**살이에요. 별빛초등학교 **3**학년이지요.
우리 가족은 엄마, 아빠, 누나, 나 이렇게 **네** 식구예요.
오늘은 친구들, 누나와 함께 놀이동산에 갔어요. 놀이 기구를 타려고 줄을 섰는데, 내 순서는 앞에서 네 번째예요.

이야기 수학 문제

1. 빨간색 숫자는 한글로, 파란색 한글은 숫자로 바꿔 써 보세요.

   10 → ☐   **3** → ☐   **네** → ☐

2. 위의 이야기에서 '나'는 누구일까요? _____

정답: 1. 십, 삼, 4   2. 두리

그림에 숨어 있는 숫자와 수 이름 8개를 찾아 ○표를 해 보세요.

옛날 사람들의 숫자

고대 이집트 숫자

I	II	III	IIII	IIIII
1	2	3	4	5

IIIIII	IIIIIII	IIIIIIII	IIIIIIIII
6	7	8	9

∩	∩∩	∩∩∩	∩∩∩∩	∩∩∩∩∩
10	20	30	40	50

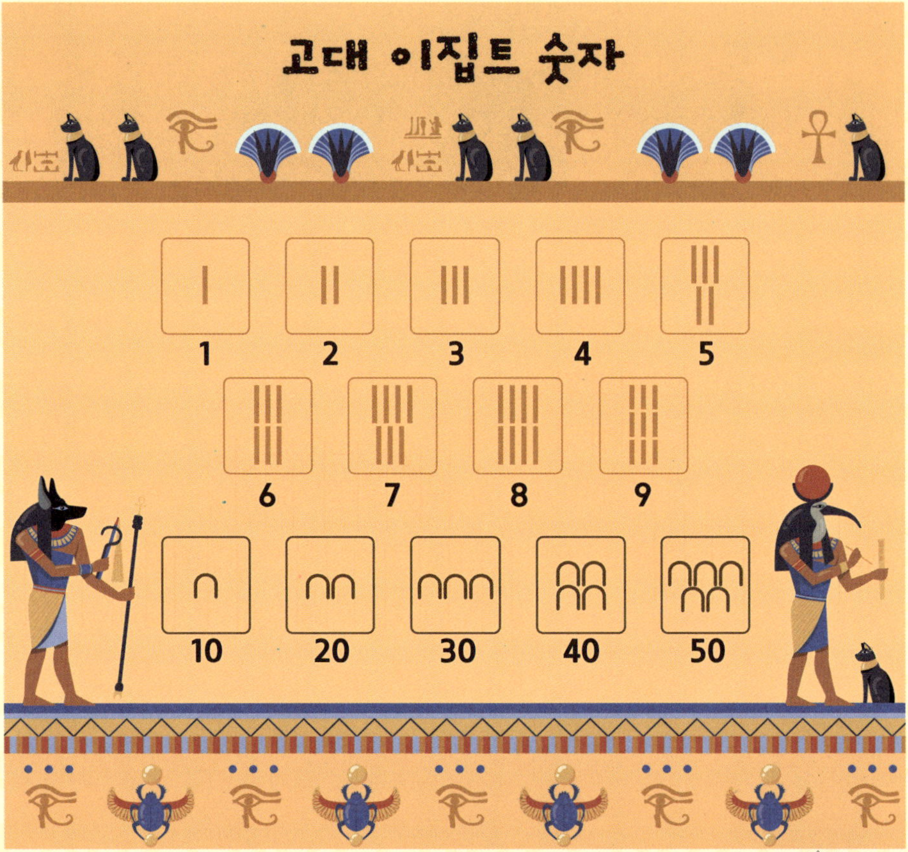

이야기 수학

고대 이집트 사람들은 1부터 9까지 세로줄로 숫자를 나타냈어요.
10부터 100 이후의 숫자들은 기호로 나타냈지요.
옛날 사람들이 숫자를 그림처럼 나타낸 것을 **상형 문자** 숫자라고 해요.

그림의 개수를 고대 이집트 숫자로 나타내 보세요.

창의 수학

숫자 영어

0부터 10까지 영어로 어떻게 쓰는지 알아보아요.

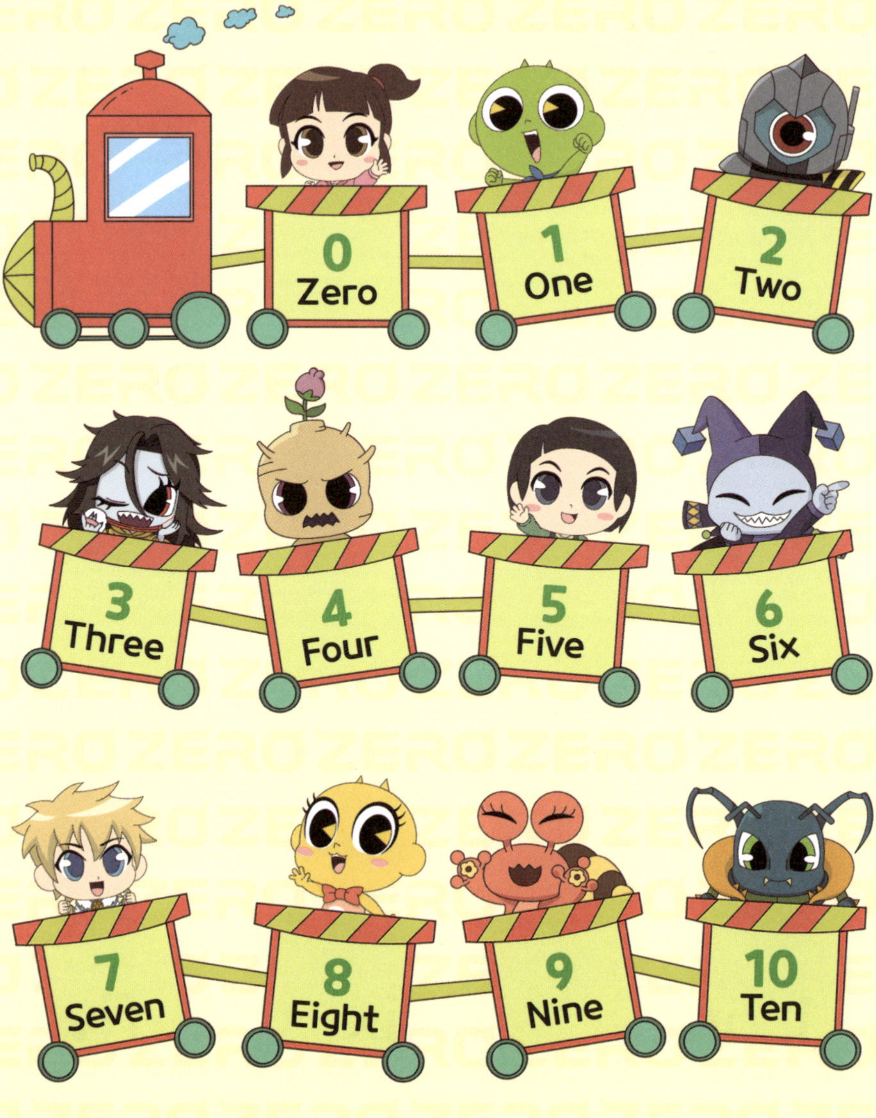
0
Zero
1
One
2
Two
3
Three
4
Four
5
Five
6
Six
7
Seven
8
Eight
9
Nine
10
Ten

그림 개수와 숫자를 선으로 이어 보세요.

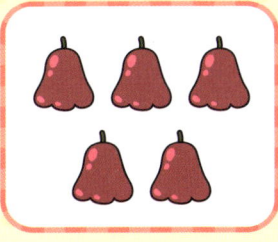  

★ ★ ★

★ ★ ★

1, one　　6, six　　5, five

즐거운 요리 시간

다음은 샌드위치를 만드는 순서예요. 그림과 설명을 보고 각 순서가 몇 번째에 해야 할 일인지 써 보세요.

식빵, 상추, 토마토, 달걀을 준비해요.

식빵 한 장 위에 상추와 토마토를 얹어요.

첫째

재료를 깨끗이 씻은 다음, 토마토를 얇게 썰고 달걀을 부쳐요.

마지막으로 달걀 부침을 위에 얹고 식빵을 덮으면 완성!

보기의 순서대로 길을 따라가 보세요.

음식을 나누어 먹자!

창의 수학

이야기 수학

두리, 신비, 금비가 각자 준비해 온 음식을 먹기로 했어요.
두리는 핫도그 **6개**, 신비는 주먹밥 **9개**, 금비는 샌드위치 **3개**를 싸 왔어요. 재미있게 놀고 나서 먹는 도시락은 언제나 맛있어요.

1 왼쪽 그림을 보고 음식 개수만큼 동그라미를 색칠해 보세요.

2 음식을 가장 많이 먹은 친구한테 ○표를 해 보세요.

어떻게 나눌까?

창의 수학

가은아, 사탕 네가 하나 더 먹어.

고마워. 그런데 나는 사탕을 별로 안 좋아하니까 네가 2개 더 먹어.

5를 여러 방법으로 **가를 수** 있느니라.

근데 나누지 않고 내가 다 먹는 건 어떠느냐?

이야기 수학

하리에게 사탕 5개가 생겼어요.
하리는 가은이와 나누어 먹으려고 가은이에게 사탕 3개를 주고, 자기는 2개를 먹기로 했어요. 그런데 가은이가 사탕을 별로 좋아하지 않는다며, 하리에게 2개를 되돌려 주었어요.
결국 하리는 사탕 **4개**를, 가은이는 **1개**를 갖게 되었지요.

하리, 가은, 주비는 사탕 5개를 어떻게 나누기로 했는지 빈칸에 숫자를 써 보세요.

올챙이를 찾아 줘!

이야기 수학

어느 날 우렁각시와 충호귀 앞에 개구리 한 마리가 나타나 말했어요.
"잃어버린 올챙이를 찾아 줄 수 있니?"
그 시간 올챙이들은 바위 밑에서 **2마리,** 물풀 옆에서 **3마리**가 놀고 있었어요. 또 다른 곳에서는 올챙이 3마리가
다른 올챙이 친구 4마리와 함께 헤엄치고 있었지요.

1. 우렁각시와 충호귀가 올챙이를 찾았어요. 각각 몇 마리를 찾았는지 ○에 쓰고, 올챙이가 모두 몇 마리인지 써 보세요.

2. 다른 곳에 있던 올챙이 수도 써 보세요.

모두 몇 명일까?

창의 수학

이야기 수학

하리, 두리, 신비, 금비, 강림이 이렇게 **5명**이 재미있게 놀고 있는데, 청하가 왔어요. 친구들은 **3명씩** 팀을 **나누어** 게임을 하기로 했지요.

이야기 수학 문제

함께 게임을 하며 논 친구들은 모두 몇 명일까요?

정답: 6명

하리가 청하에게 선물을 주려고 해요. 선물 상자에 쓰인 식의 합이 5가 되는 상자예요. 청하의 선물을 찾아 ○표를 해 보세요.

남은 색종이는 몇 장일까?

이야기 수학

청하가 종이접기 놀이를 하려고 해요.
빨간색 색종이 **5장**, 노란색 **1장**, 초록색 **2장**이 있었지요.
그런데 웬일인지 빨간색 색종이 5장이 사라졌어요.

이야기 수학 문제

청하에게 남은 색종이는 몇 장인가요?

정답: 3장

그림에 있는 뺄셈식의 정답을 보기에서 찾아 알맞은 색깔로 색칠해 보세요.

보기: 2 노란색, 3 빨간색, 4 갈색, 5 하늘색

홀수는 무엇일까?

창의 수학

잎을 한 개씩 뜯을 때마다 외쳐 볼까? 나는 사랑에 빠진다, 안 빠진다, 빠진다…. 그럼 마지막에는 어떤 걸 외치게 되지?

잎의 수가 **홀수**니까 '사랑에 빠진다'로 시작하면 결과는 뻔한 거 아니야?

이야기 수학

"사랑에 빠진다, 안 빠진다……."
큐피드데빌이 아까시나무 잎을 하나씩 떼며 중얼거렸어요.
그 모습을 본 신비가 큐피드데빌한테 말했어요.
"아까시나무 잎은 **홀수**로 나기 때문에 시작하는 말로 끝날 수밖에 없어."
큐피드데빌은 홀수가 무슨 뜻인지 몰라 눈만 끔벅였어요.

이야기 수학 문제

2, 3, 4, 5, 6 중에서 홀수는 무엇일까요?

정답: 3, 5

◯ 잎의 수를 세어 보고 짝수는 ○, 홀수는 △ 표를 해 보세요.

우리 주변에는 어떤 모양이 있을까?

모양 행성에 가서 **상자 모양**을 잔뜩 가져와야지!

나는 색종이 같은 **네모** 좋아해.

이야기 수학

우리가 사는 세상은 다양한 **모양**으로 이루어져 있어요.
세모, 네모, 동그라미부터 상자 모양, 기둥 모양 등 여러 가지 모양으로 가득하지요. 그런데 블록마스터 M은 더 많은 네모 모양을 갖기 위해 모양 행성에 가기로 했어요.

이야기 수학 문제

주변에서 볼 수 있는 동그라미, 세모, 네모를 한 가지씩 말해 보세요.

정답(예시) : 동그라미-시계, 세모-삼각김밥, 네모-공책

◯ 모양 행성으로 가는 우주선을 멋지게 색칠해 보세요.

어느 모양이 최고일까?

창의 수학

"세모가 최고야!"

"네모가 최고지!"

"동그라미가 없으면 세상이 안 굴러 가."

"모양들아, 싸우지 마."

이야기 수학

모양 행성에 도착한 블록마스터 M은 당황했어요.
세모, 네모, 동그라미가 저마다 자기가 최고라며 다투고 있었거든요.
우리가 사는 세상에는 세모, 네모, 동그라미 모두 꼭 필요해요.

비슷한 모양끼리 선으로 이어 보세요.

세네동 친구들

창의 수학

얘들아, 맛있는 거 먹으며 사이좋게 지내.

동그란 김밥이 최고야.

무슨 소리! **세모** 샌드위치가 최고지!

바삭바삭 맛있는 비스킷은 **네모**거든?

이야기 수학

블록마스터 M은 모양들을 화해시키려고 맛있는 음식을 만들었어요. **동그란** 김밥, **세모난** 샌드위치, **네모난** 비스킷 등 맛있는 음식을 정성껏 마련했지요. 음식을 먹기 전까지 티격태격하던 모양 친구들은 앞으로는 사이좋게 지내기로 약속했답니다.

왼쪽 그림에서 빠진 그림을 찾아 선으로 이어 보세요.

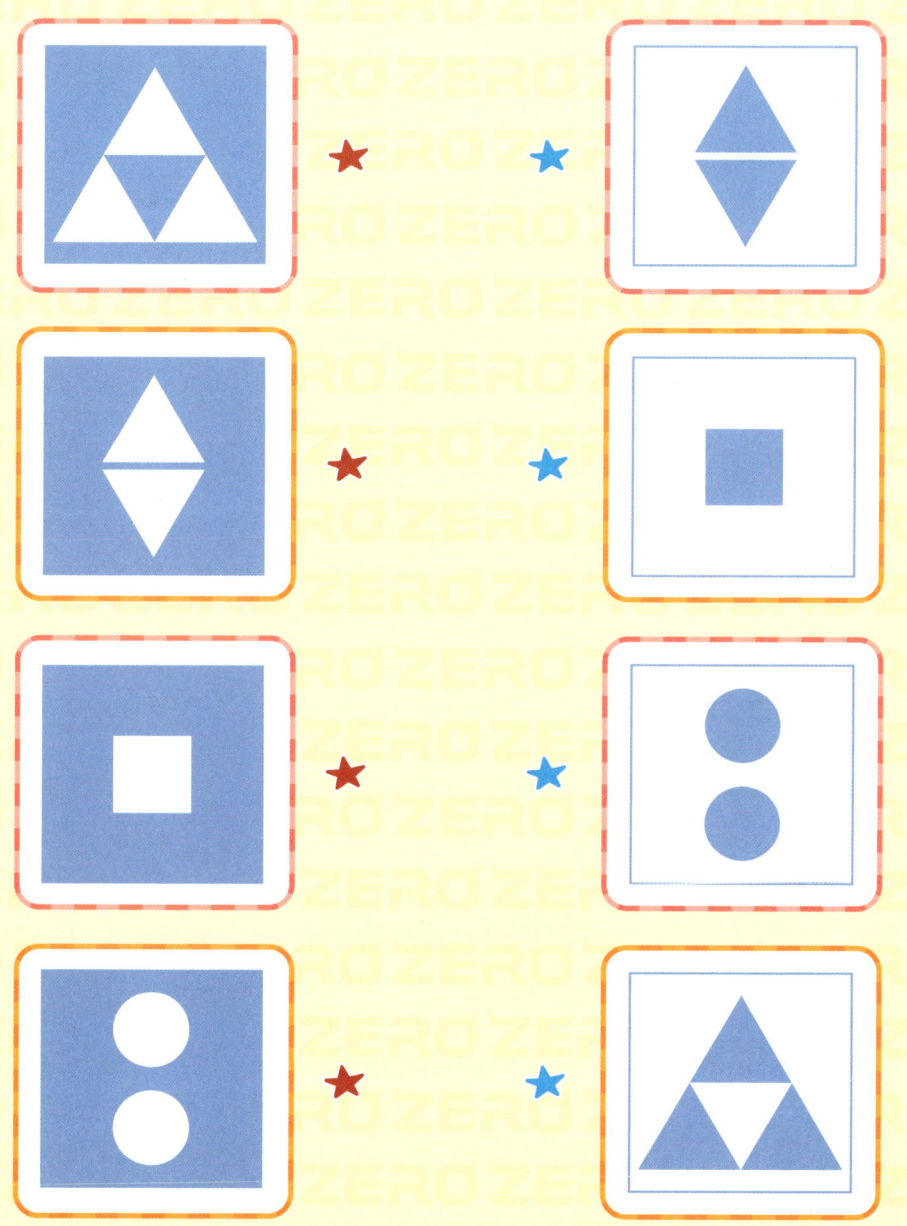

접었다 펴면 어떤 모양일까?

반으로 접은 이 색종이를 펴면 **어떤 모양**이 나타날까?

아래 보기에서 골라 봐.

종이야, 펴져라!

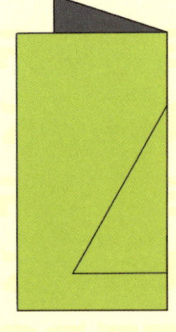

1

2

3

이야기 수학

지접귀가 두리에게 퀴즈를 냈어요. 어떤 모양을 그린 색종이를 **반으로 접어** 원래 모양을 맞혀 보라고 했지요. 이렇게 모양을 반으로 가르거나 돌려서 처음 모양과 같아지면 **대칭**이라고 해요. 지접귀가 색종이에 그린 원래 모양은 무슨 모양일까요?

정답: ③

색종이에 그려진 모양대로 자르면 어떤 모양이 나타날까요?
같은 것끼리 선으로 이어 보세요.

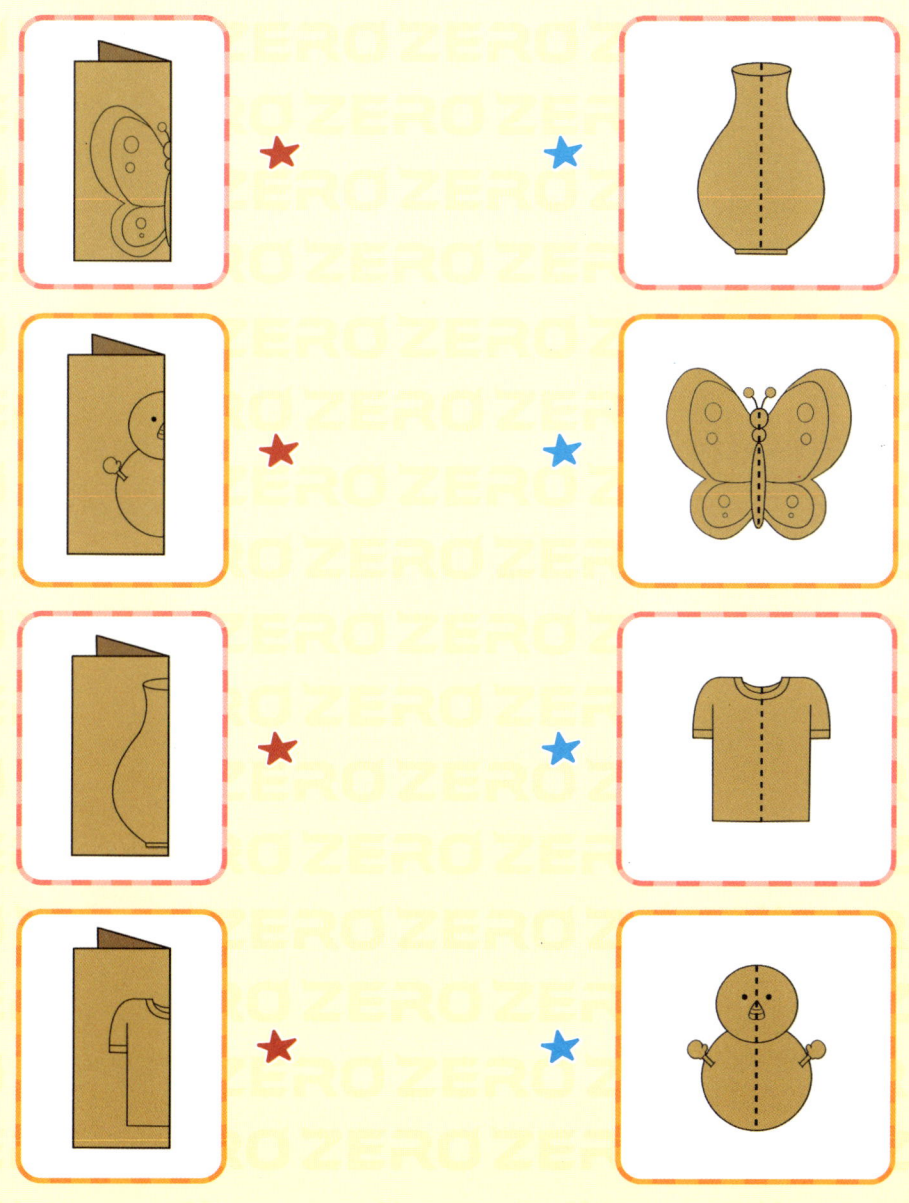

반반 그림 종이

이야기 수학

금비가 그림 물감 놀이를 하는데 신비가 놀러 왔어요.
그런데 신비 눈에는 아무리 봐도 금비가 그림을 반만 그린 것 같았지요.
사실 금비는 **'데칼코마니'**라는 물감 놀이를 하고 있었어요.
물감으로 그림을 반만 그린 뒤 종이를 접었다가 펼치면
멋진 대칭 그림이 되지요.

보기 그림처럼 왼쪽 그림을 보고 똑같이 대칭이 되도록 색칠해 보세요.

보기

나무 기둥은 어떤 모양일까?

창의 수학

귀신을 잘 잡으려면 나무 기둥 자르는 연습을 열심히 해야 해!

내 원뿔 모양 드릴을 쓰는 건 어때?

이야기 수학

강림이가 무술 연습을 위해 금룡 퇴마검으로 **나무 기둥**을 자르는 연습을 하고 있었어요.
그때 철골귀가 나타나 자기 무기를 자랑했지요.

이야기 수학 문제

나무 기둥은 원기둥, 사각기둥, 원뿔 모양 중 어떤 모양을 닮았나요?

정답: 원기둥

가로줄, 세로줄에서 삼각기둥, 사각기둥, 원기둥이 겹치는 곳이 없도록 빈칸에 그림을 그려 보세요.

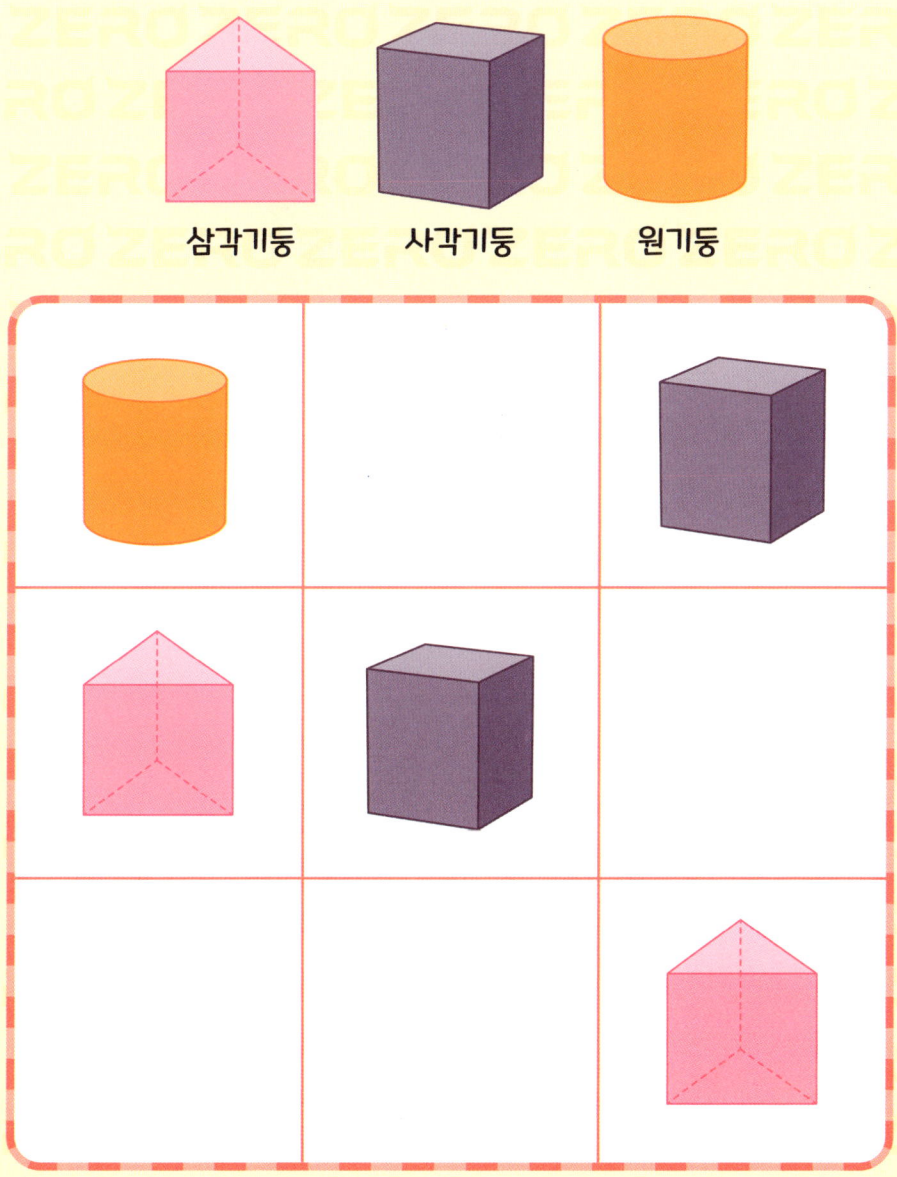

누구의 헬멧이 가장 클까?

창의 수학

이야기 수학

두리가 동물 친구들과 킥보드를 타기 위해 밖으로 나왔어요.
그런데 헬멧을 쓰고 나오지 않아 킥보드를 탈 수 없었지요.
코끼리, 쥐, 두리 중에서 **가장 큰 헬멧**이 필요한 친구는 누구일까요?

정답: 코끼리

어떤 헬멧을 써야 할까요? 선으로 이어 보세요.

더 작은 것은 무엇일까?

창의 수학

내가 키운 딸기야. 정말 맛있겠지?

딸기 말고 **커다란** 수박 먹자~!

이야기 수학

멘드레이크가 정성껏 키운 딸기를 따고 있어요. 그때 마침 포이즌 코브라가 딸기보다 훨씬 큰 수박을 들고 놀러 왔어요. 딸기와 수박 중 **더 작은 과일**은 무엇일까요?

정답: 딸기

3개 중에 가장 작은 것에 ○표를 해 보세요.

바나나 딸기 수박

비행기 자전거 버스

탬버린 피아노 기타

더 무거운 것은 무엇일까?

수박은 역시 크고 무거운 게 맛있지.

수박이 딸기보다 **무겁구나!**

그래도 난 딸기가 더 좋아.

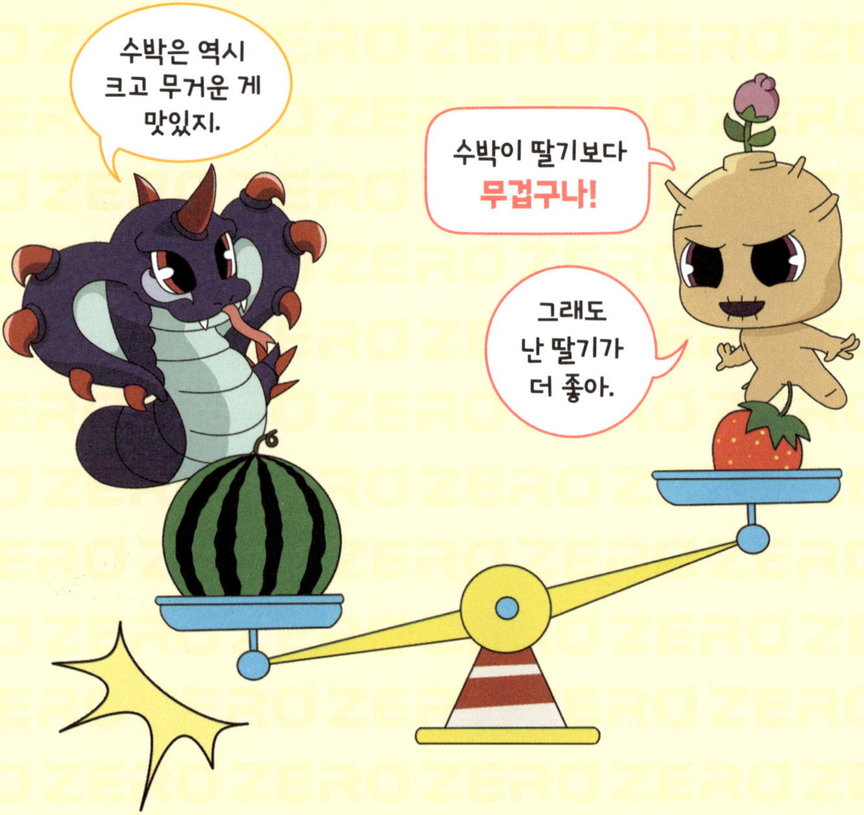

이야기 수학

포이즌 코브라는 크고 무거운 수박이 최고라며, 으스댔어요. 멘드레이크는 딸기가 최고의 과일이라고 했지요. 결국 둘은 과일을 저울에 재 보았어요. 저울은 수박 쪽으로 기울었지요. 그렇다면 딸기와 수박 중 **더 무거운 것**은 무엇일까요?

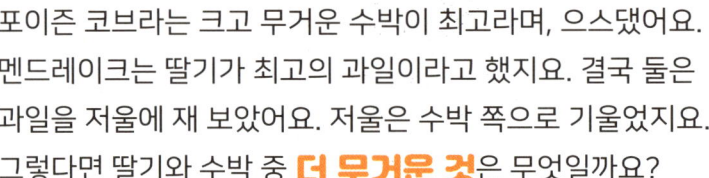

정답: 수박

저울에 올린 물건 중 더 무거운 것에 〉나 〈 표시를 하고, 무게가 같으면 = 표시를 해 보세요.

가장 긴 장화는 무엇일까?

난 가장 짧은 장화 신을래.

난 중간 길이 신을래.

그럼 내가 **가장 긴** 장화를 신을게.

① ② ③

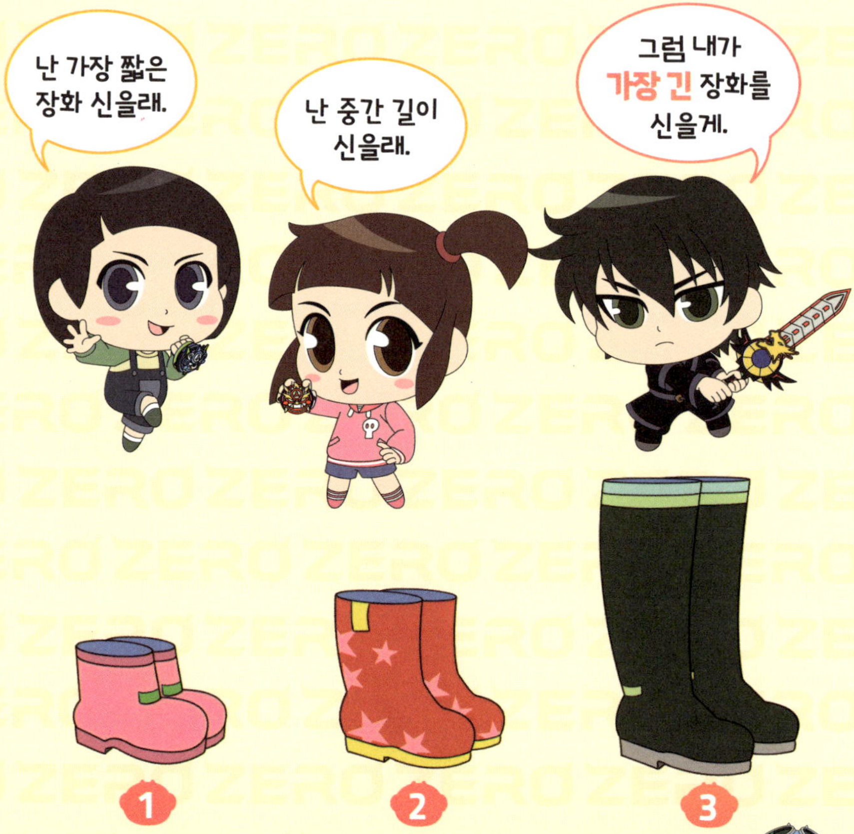

이야기 수학

하리, 두리, 강림이가 장화를 사러 신발 가게에 갔어요.
아직 키가 작은 두리는 길이가 가장 짧은 장화를,
하리는 두 번째로 긴 장화를 골랐어요. 그렇다면 강림이가 고른
가장 긴 장화는 무엇일까요?

정답: ③

아래에는 여러 가지 문구가 섞여 있어요. 문구들 가운데 가장 긴 것과 가장 짧은 것의 이름을 써 보세요.

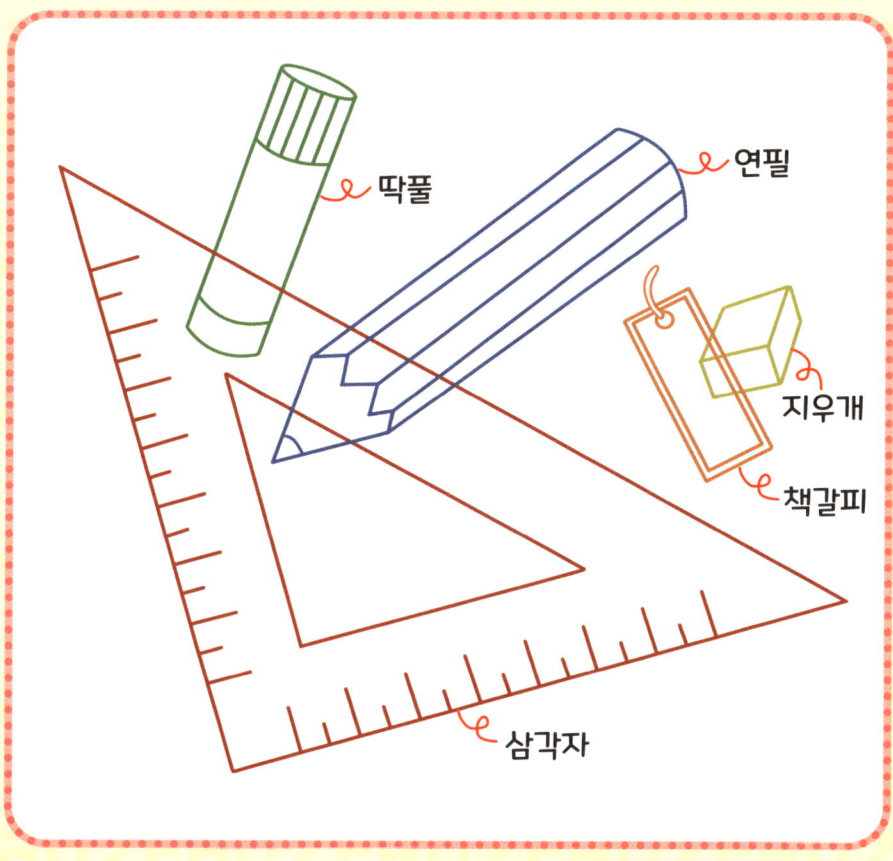

가장 긴 것 : _____

가장 짧은 것 : _____

가장 높은 곳에 있는 귀신은?

이야기 수학

신비아파트 귀신들이 놀이동산에 놀러 갔어요.
모두 대관람차를 탔는데 그만 대관람차가 멈춰 버리고 말았어요.
가장 높은 곳에 있는 귀신은 무서워서 벌벌 떨었지요.
가장 높은 곳에 있는 귀신은 누구일까요?

정답: 충호귀

가장 높은 곳에 있는 친구는 ○, 가장 낮은 곳에 있는 친구는 □, 중간에 있는 친구는 △ 표시를 해 보세요.

규칙대로 지나가는 곤충들

이야기 수학

충호귀가 길을 걷는데 때마침 곤충들이 지나갔어요.
"하나! 둘, 하나! 둘!"
장수풍뎅이의 힘찬 구령에 곤충들이 발을 맞추며 줄지어 갔지요.
충호귀는 자신을 보고 인사도 하지 않는 곤충들에게 화가 나 버럭 소리를 질렀어요. 그런데도 곤충들의 행렬은 끝이 나지 않을 것 같았지요.
그 모습을 가만히 지켜보니, 곤충들은 **일정한 규칙**대로 줄지어 지나갔어요. 마지막에 있는 무당벌레 뒤에는 어떤 곤충이 올까요?

정답: 장수풍뎅이

그림을 보고 규칙을 찾아 물음표에 어떤 그림이 올지 ○표를 해 보세요.

구슬을 꿰자!

구슬을 꿰어서 예쁜 팔찌를 만들어야지!

구슬 팔찌 만드는 방법

다음 순서대로 구슬을 꿰어요.

구슬은 한 번에 꿰어야 하며,
한 번 꿴 구슬은 다시 연결할 수 없음.

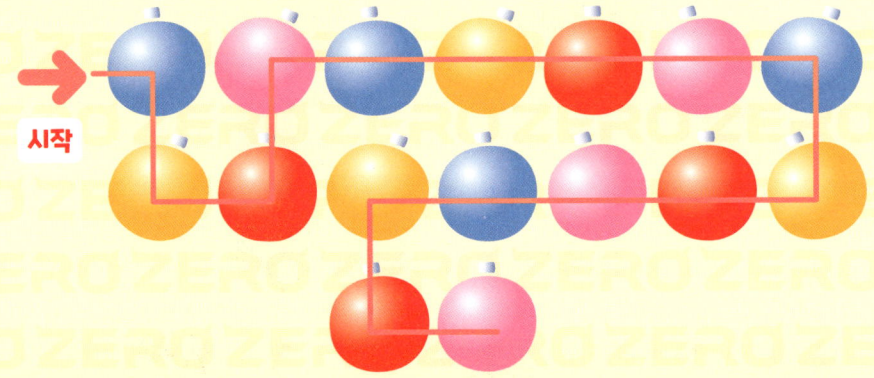

시작

이야기 수학

리온이 하리에게 선물하기 위해 팔찌를 만들기로 했어요.
그런데 구슬과 함께 들어 있던 설명서를 보니
구슬을 색깔 순서대로 꿰어야 하며, 한번에 꿰어야 한대요.
리온이는 설명서대로 파란색, 노란색, 빨간색, 분홍색 구슬을
순서대로 한번에 꿰었답니다.

보기의 순서대로 구슬을 꿰어 보세요.

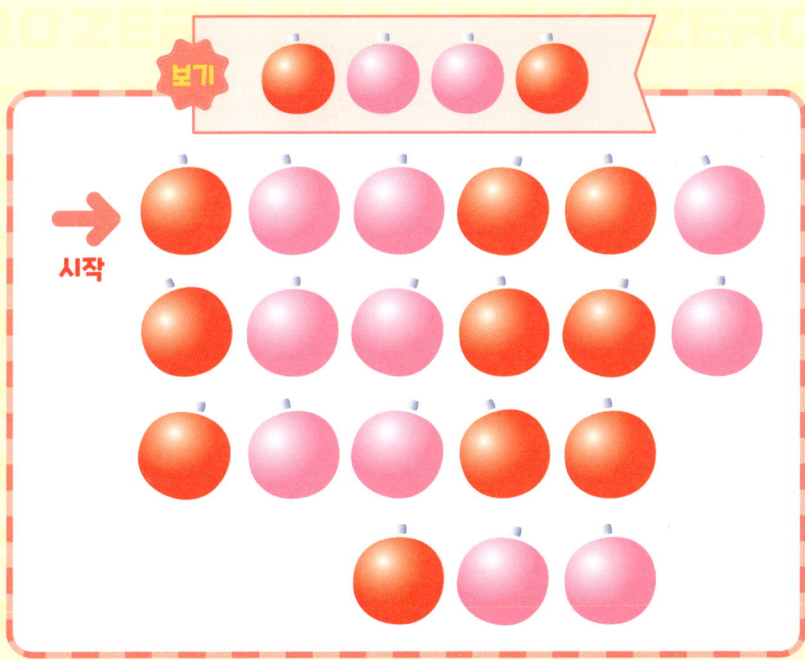

움직이는 액자

"색종이로 멋진 액자를 만들었어!"

"앗, 액자를 떨어뜨리면서 액자가 오른쪽으로 **돌아갔네.** 똑바로 놓으려면 어떻게 해야 하지?"

이야기 수학

지접귀가 네모난 종이에 색종이를 붙여 액자를 만들었어요.
그랬더니 마치 화가 몬드리안의 작품처럼 멋진 그림이 됐지요.
액자를 어디에 걸까 고민하던 지접귀가 액자를 떨구었어요.
그 때문에 **오른쪽 시계 방향으로 반의 반 바퀴** 돌아갔지요.

색깔 액자가 규칙을 갖고 움직이고 있어요.
마지막에는 어떻게 될까요? 알맞게 색칠해 보세요.

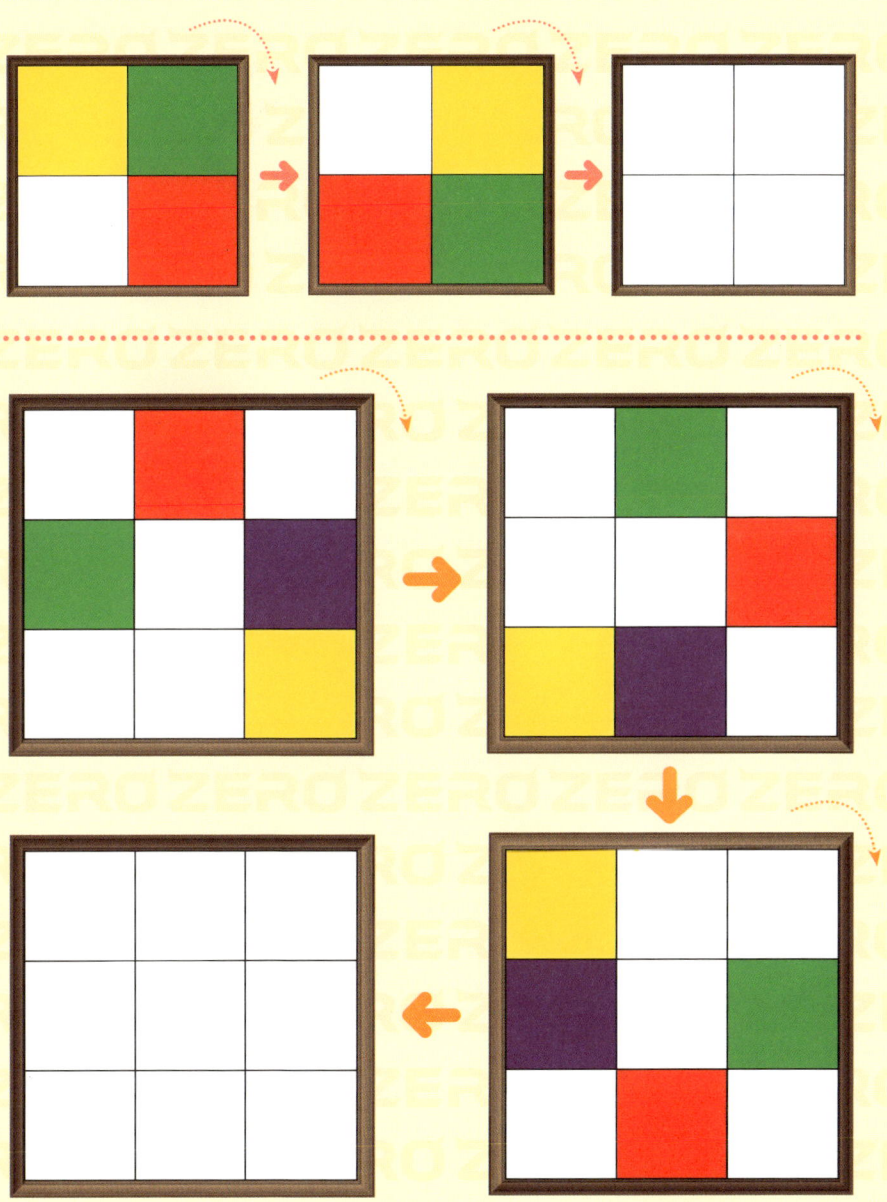

같은 것끼리 묶자!

창의 수학

이야기 수학

두리와 하리가 장난감을 정리하려고 해요.
"누나, 장난감을 종류별로 어떻게 묶어?"
"인형은 인형끼리, 탈것 장난감은 탈것 장난감끼리 묶을 수 있어.
이렇게 나누어 정리하자."
하리 말처럼 **같은 종류**끼리 모아서 정리하면 편해요.
이렇게 무엇을 종류별로 묶을 때는 크기, 색깔, 쓰임새 등으로
나눌 수 있어요.

아래 장난감들 중에서 동물 장난감을 찾아 모두 ○표 해 보세요.

당근을 찾아라!

미로 속에 있는 당근을 먹으러 가자!

이야기 수학

우렁각시가 **미로**에 빠진 당근을 먹고 싶어 해요.
우렁각시는 길을 잘못 들지 않고 당근이 있는 곳까지 한 번에 도착할 수 있을까요? 미로를 따라가 보세요.

연필을 떼지 말고 한번에 점을 이어서 그림을 완성해 보세요.

누구의 먹이일까?

누구의 먹이일까요? 길을 따라가 보세요.
그리고 가장 큰 동물에 ○표를 해 보세요.

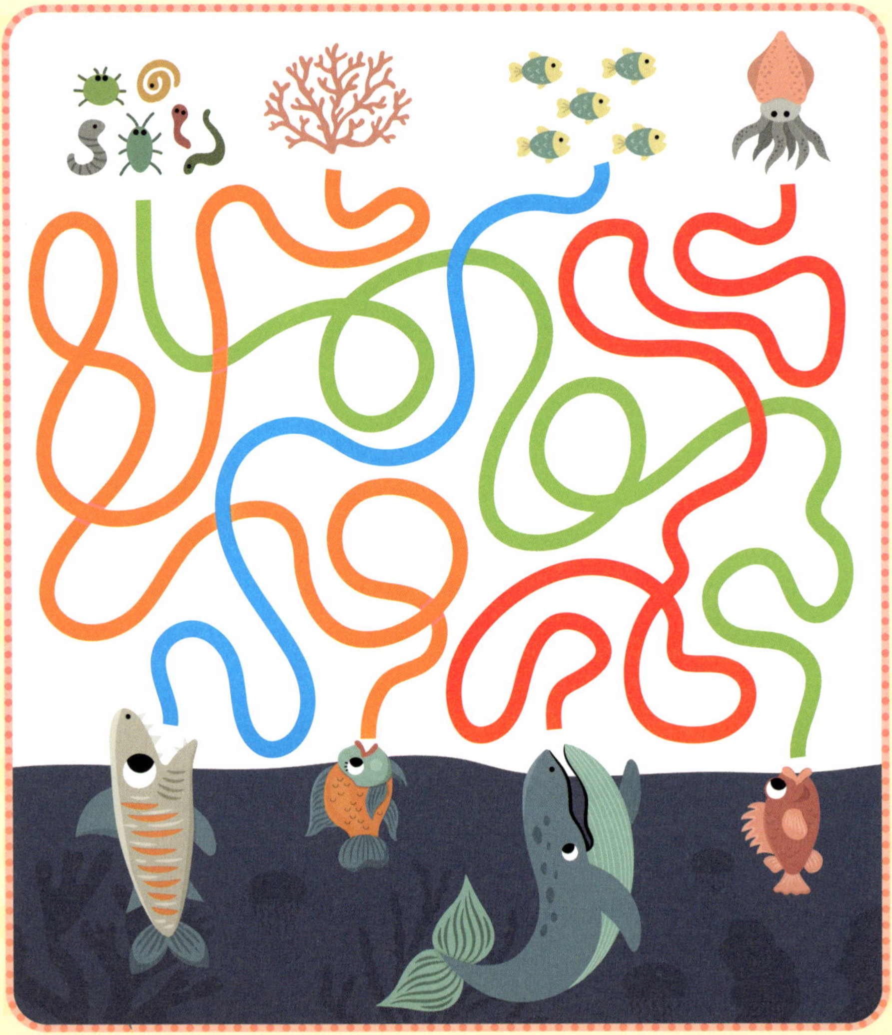

부록

재미있는 생활 속 수학

우리가 일상생활에서 실제로 쓰는
무게 재기, 돈의 단위, 시계 보는 법 등을
알아 두면 매우 편리해요.
생활 속에서 유용하게 쓰이는
수학을 만나 보세요.

누가 더 무거울까?

악어와 다람쥐가 다리를 건너려고 해요. 그런데 다리가 약해서 무거운 동물이 지나가면 다리가 부서질 수 있어요. 누가 더 무거울까요?

나는 500킬로그램밖에 안 돼.

난 1킬로그램인데!

무게 단위

무게 단위에는 **그램(g)**, **킬로그램(kg)**, **톤(t)** 등이 있어요.

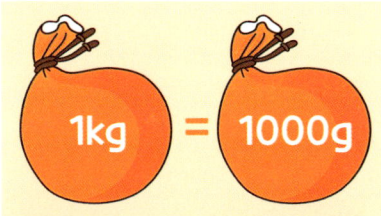

1킬로그램(kg)은 1000그램(g)과 같아요.

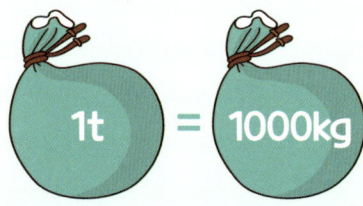

1톤(t)은 1000킬로그램(kg)과 같아요.

정답: 악어

시소를 타고 있는 귀신 셋 중 가장 무거운 귀신에 ○표를 해 보세요.

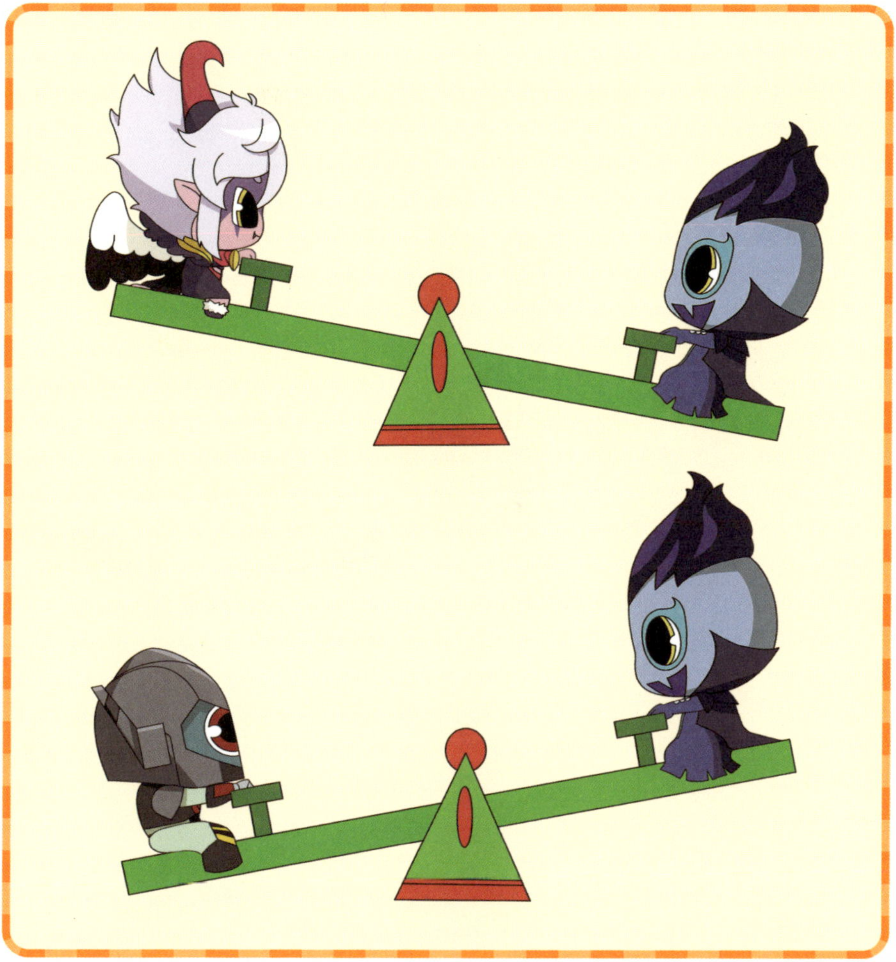

1

2

3

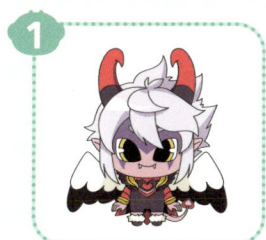

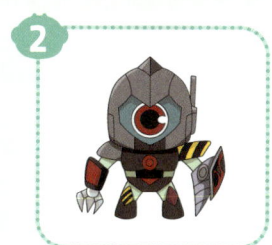

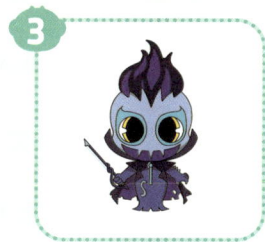

길이를 재 보자!

○ 길이를 재는 단위를 알아보아요.

나는 **더 긴** 과자를 먹고 싶어!

자로 재 보면 알 수 있어.

길이 단위

길이 단위에는 **밀리미터(mm), 센티미터(cm), 미터(m), 킬로미터(km)** 등이 있어요.

1센티미터(cm)는
10밀리미터(mm)와 같아요.

1미터(m)는
100센티미터(cm)와 같아요.

사다리를 이용해 높은 나무에 올라가 친구 고양이를 구할 수 있도록 미로를 빠져나가 보세요.

잘잘잘 동전

생활 속 수학

○ 동전을 알아보아요.

야호! **돈** 생겼다. 놀이동산 가야지~.

천 원으로 갈 수 있는 놀이동산이 있나?

우리나라 돈(동전)

과자나 장난감을 살 때, 학용품을 살 때도 돈을 내야 해요.
우리나라 돈의 단위는 원(₩)이에요.
동전으로는 **10원, 100원, 500원**이 있지요.

10원 10개는 100원과 같아요.

100원 5개는 500원과 같아요.

신비가 친구들과 놀이동산에 갔어요. 다음 모습을 찍은 사진 중 잘못된 사진에 ○표를 해 보세요.

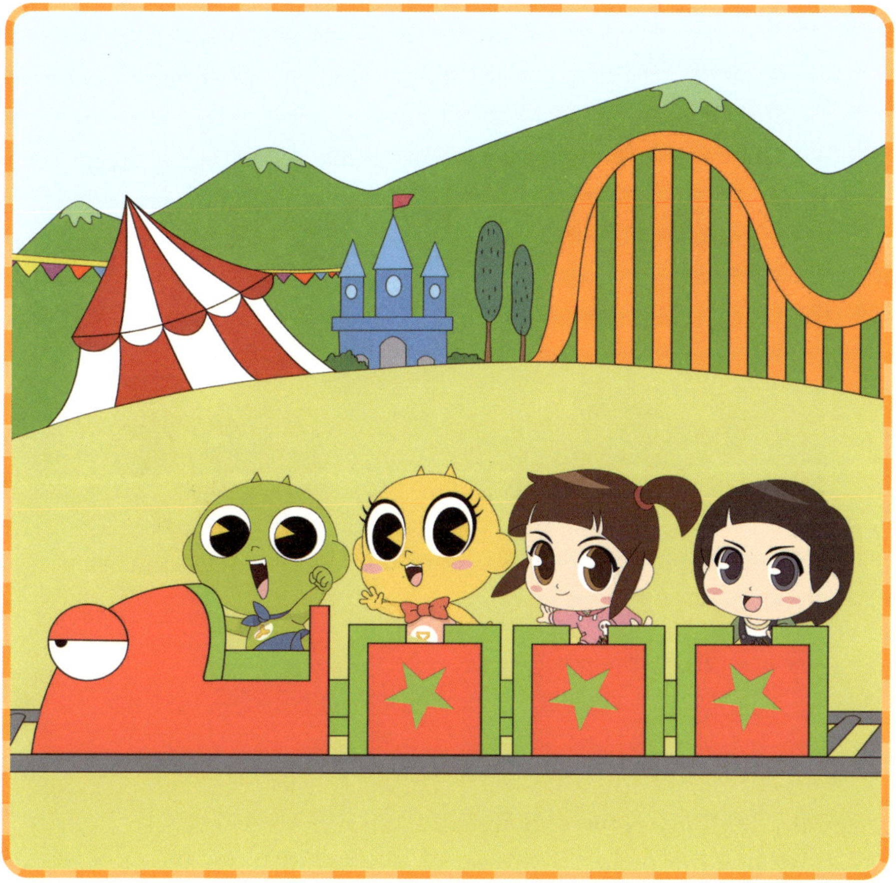

1

2

3

4

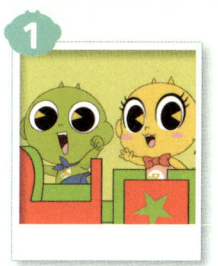

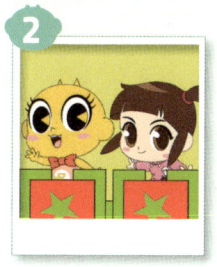

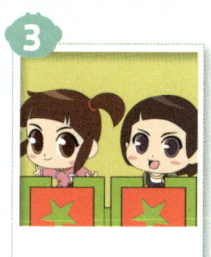

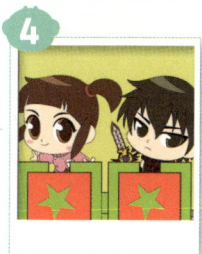

펄럭펄럭 지폐

◎ 지폐를 알아보아요.

우리나라 돈(지폐)

종이로 만든 돈을 지폐라고 해요.
우리나라에는 **1000원, 5000원, 10000원, 50000원** 권이 있어요.

1000원 10장은 만 원과 같아요.

10000원 5장은 5만 원과 같아요.

앗! 지폐 한 장이 찢어졌어요. 찢어진 돈까지 모두 얼마인지 아래에서 골라 ○표를 해 보세요.

① 22,000원 (이만이천 원)

② 23,000원 (이만삼천 원)

③ 33,000원 (삼만삼천 원)

 # 재미있는 돈 계산

○ 아이스크림과 티셔츠를 사려면 얼마가 필요한지 동전과 지폐의 각각 개수를 써 보세요.

  개
  개

  장
  장

친구들이 은행에 갔어요. 그림을 보고 통장에 가장 많은 돈이 있는 친구에 ○표를 해 보세요.

신비은행			
날짜	찾은 금액	들어간 금액	잔액
7/1		1,000	11,000

빨간마스크

신비은행			
날짜	찾은 금액	들어간 금액	잔액
7/1	1,000		9,000

현악귀

신비은행			
날짜	찾은 금액	들어간 금액	잔액
7/1		500	10,500

하리

만 원이 있는 통장에 1000원을 저금했어.

만 원이 있는 통장에서 1000원을 찾았어.

만 원이 있는 통장에 500원을 저금했어.

1

2

3

째깍째깍 시간

◯ 시계 보는 방법을 알아보아요.

지금 몇 시지?

또 핸드폰으로 시간 보나? 이 시계 볼 줄은 아나?

당연하지! **짧은바늘**은 '**시**'를 가리키고, **긴바늘**은 '**분**'을 가리켜. 짧은바늘이 3에 있으니까 3시야!

긴바늘이 12에 있으면 **정각**이에요.

* 짧은바늘 – 시침
* 긴바늘 – 분침

시계를 보고 시간을 바르게 나타낸 것을 선으로 이어 보세요.

몇 시 몇 분일까?

생활 속 수학

◯ 분 단위를 알아보아요.

○ 아래에 써 있는 시간대로 시계에 시각(짧은바늘)과 분(긴바늘)을 표시해 보세요.

4시 10분   11시 20분

○ 일이 일어난 순서대로 번호를 써 보세요.

귀신들의 시간

귀신들이 말한 시간에 맞도록 시계에 시곗바늘을 그려 보세요.

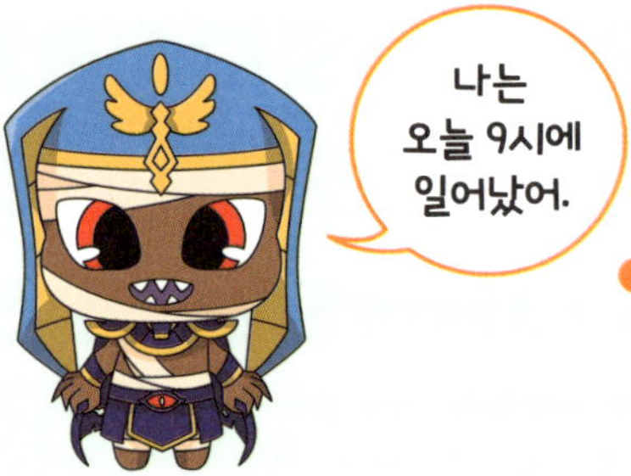

나는 오늘 9시에 일어났어.

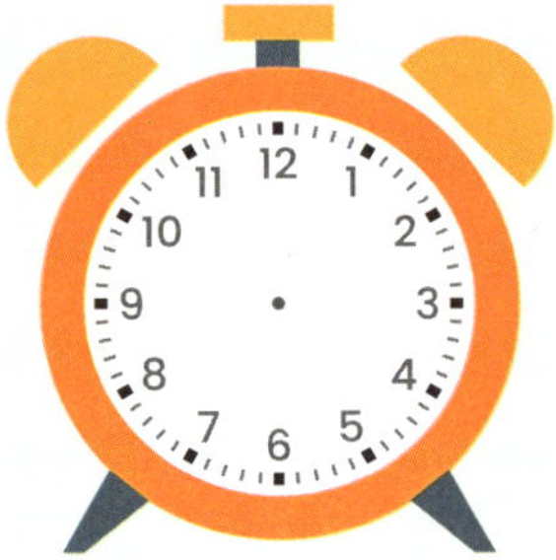

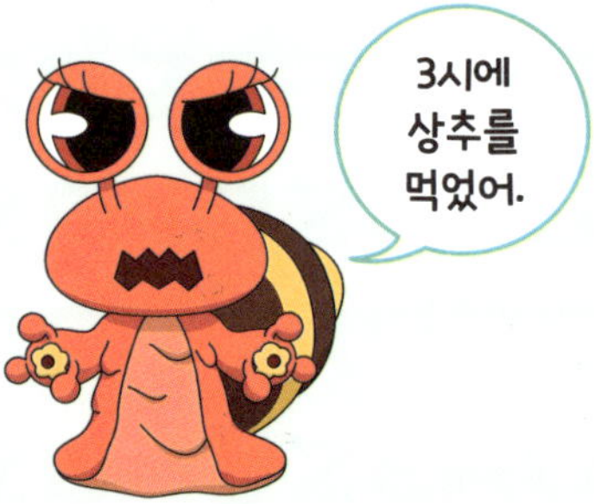

3시에 상추를 먹었어.

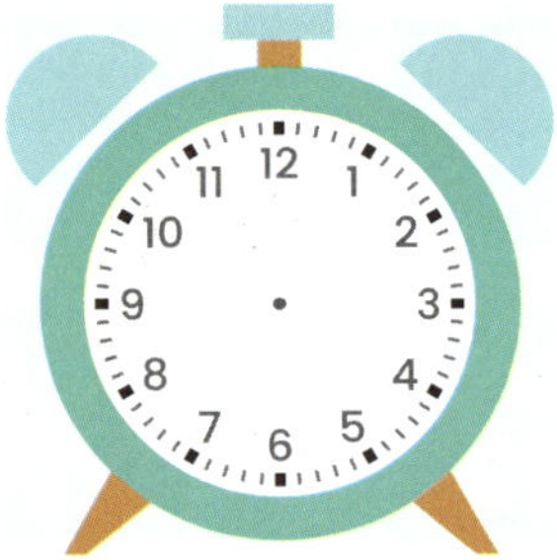

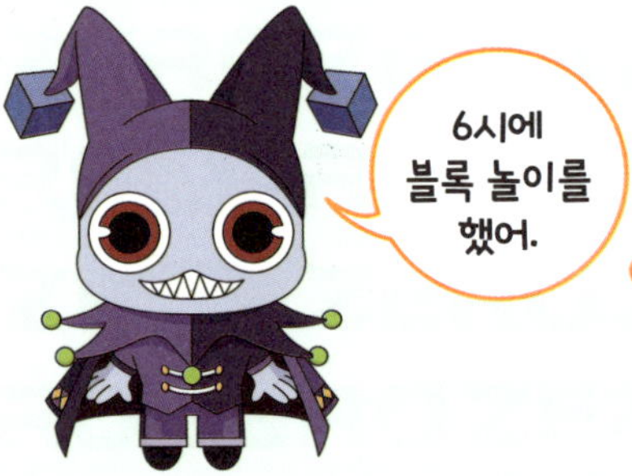

6시에 블록 놀이를 했어.

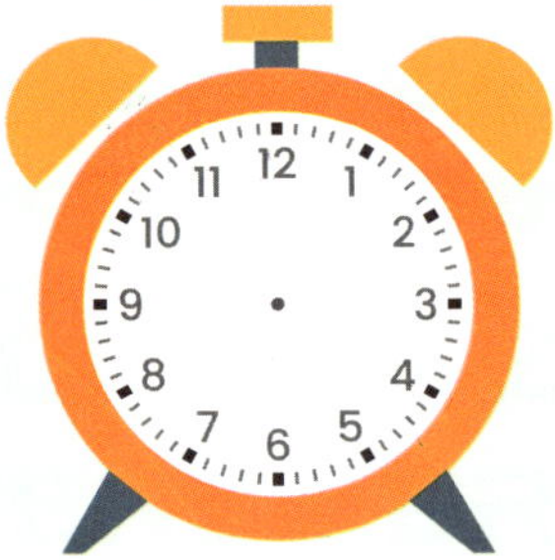

그림을 잘 보고 빈칸에 어떤 그림이 올지 번호를 써 보세요.

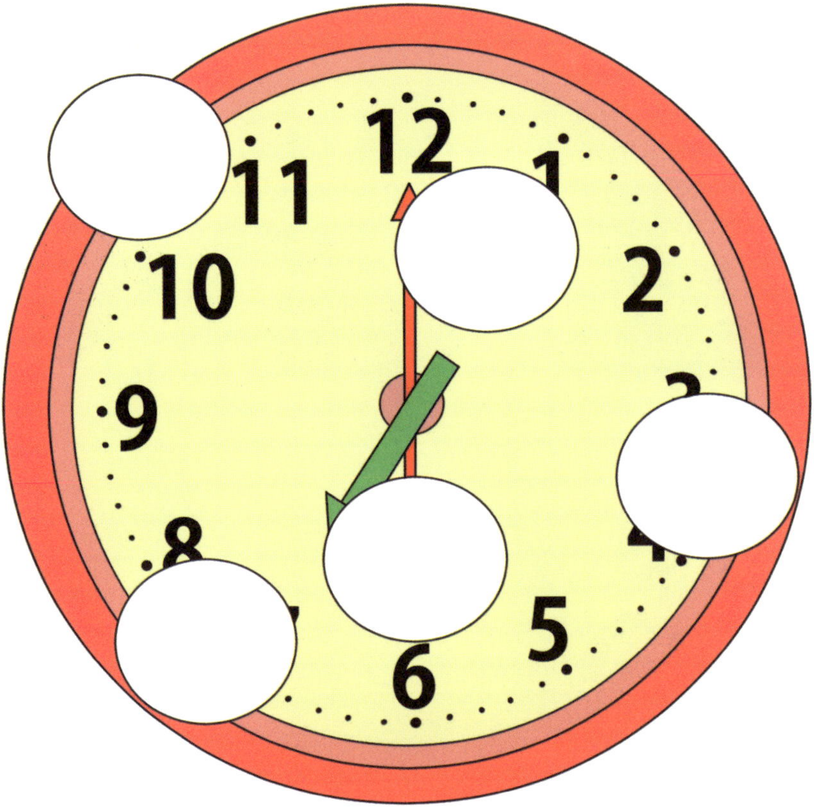

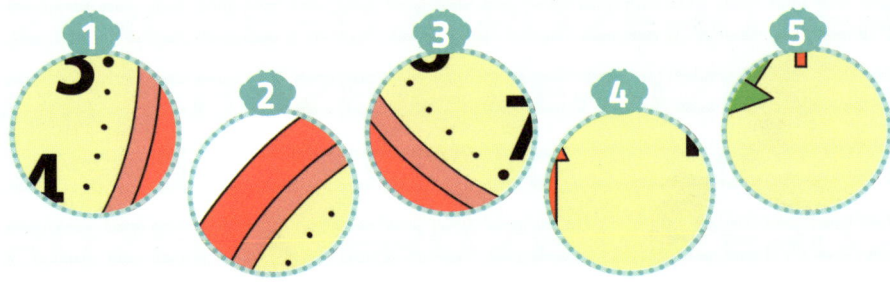

생각하는 수학 놀이

생활 속 수학

○ 가장 가벼운 순서대로 숫자 1, 2, 3을 써 보세요.

나는 다람쥐보다 무거워.

나는 고슴도치보다 무거워.

나는 늑대보다 가벼워.

○ 가장 무거운 순서대로 숫자 1, 2, 3을 써 보세요.

나는 사자보다 무거워.

나는 악어보다 가벼워.

나는 악어보다 무거워.

크고 작은 물고기가 있어요. 가장 작은 물고기를 찾아 ○표를 하고 나머지 물고기는 자유롭게 꾸며 보세요.

정답

1장. 알쏭달쏭 수와 숫자

13쪽
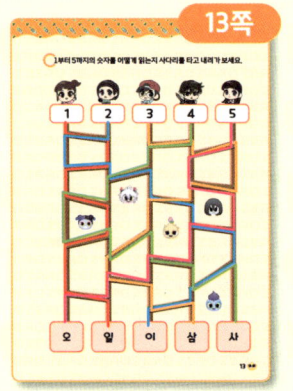

15쪽

17쪽

19쪽

23쪽
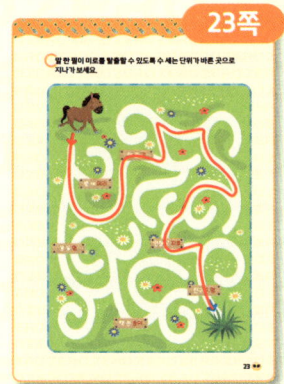

27쪽

29쪽
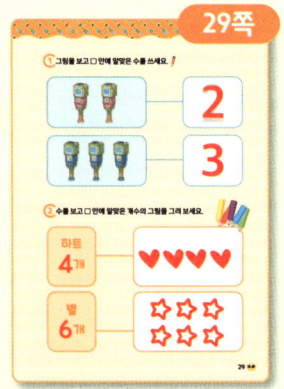

31쪽

33쪽
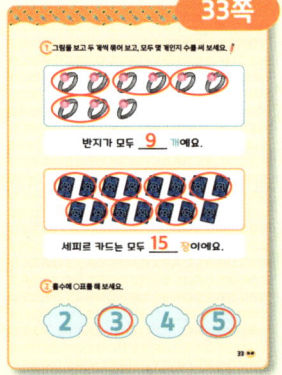

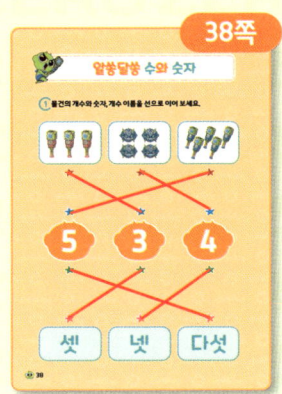

2장. 알고 보면 쉬운 덧셈과 뺄셈

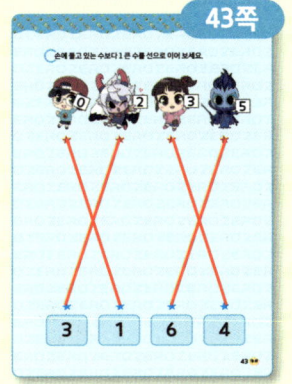

정답

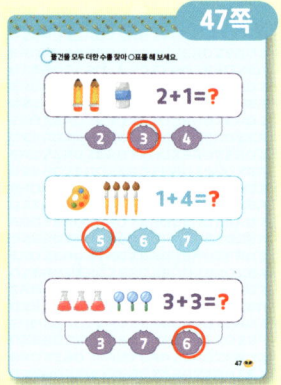

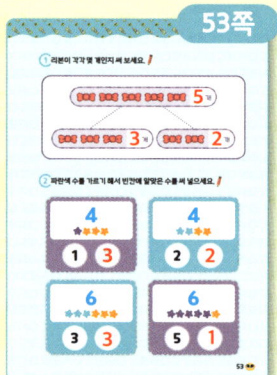
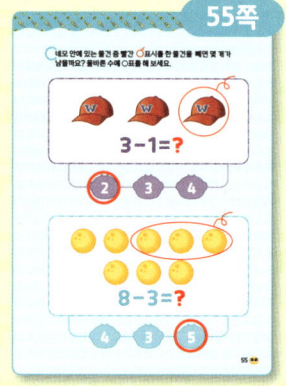

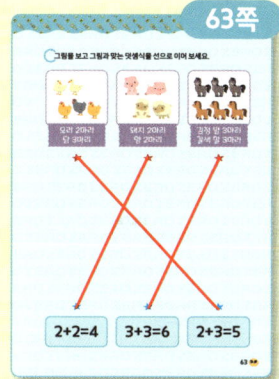

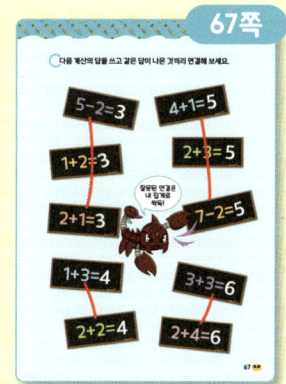

정답

3장. 다양한 모양

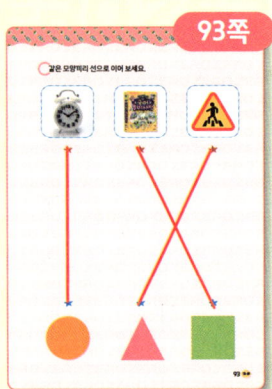
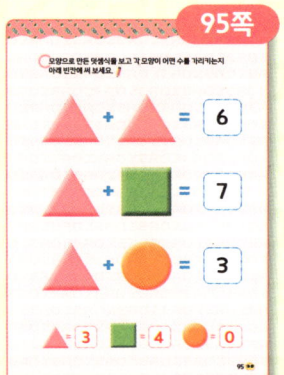

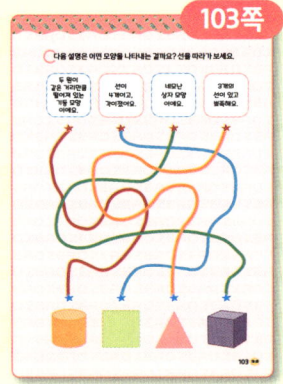
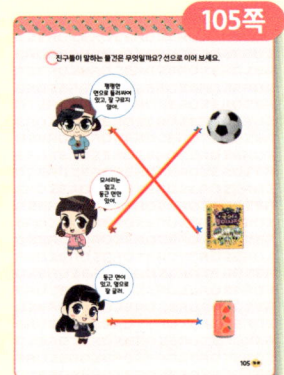

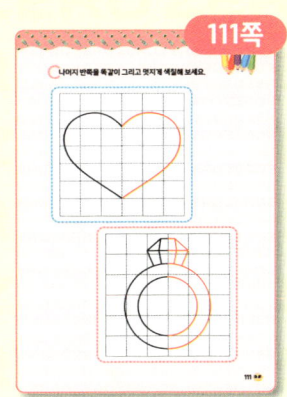

4장. 이리 보고 저리 보고! 비교 수학

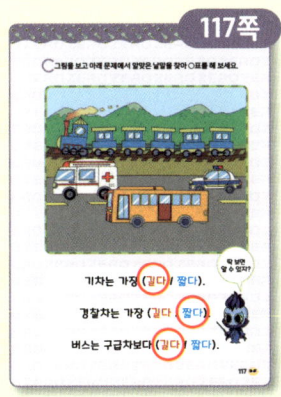

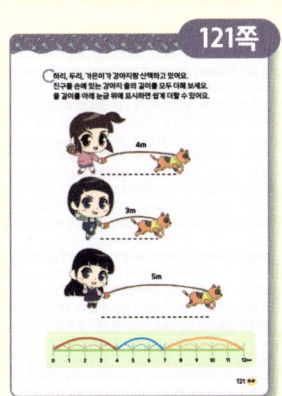

정답

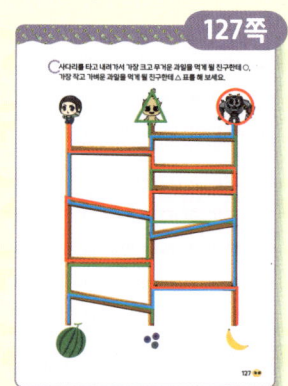

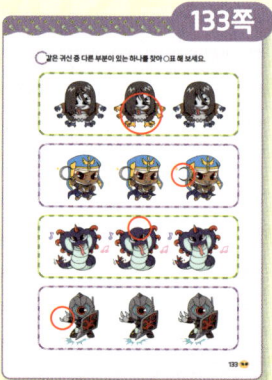
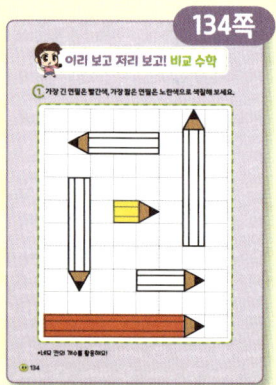

5장. 생각하는 힘을 키워 주는 창의 수학

139쪽

141쪽

143쪽
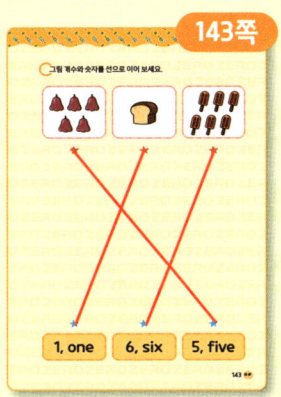

144쪽

145쪽

147쪽

149쪽

151쪽

153쪽

정답

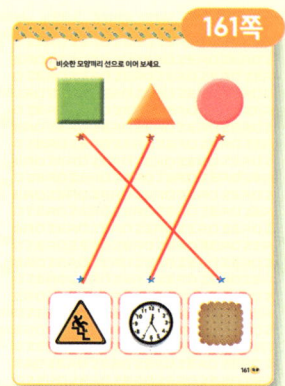

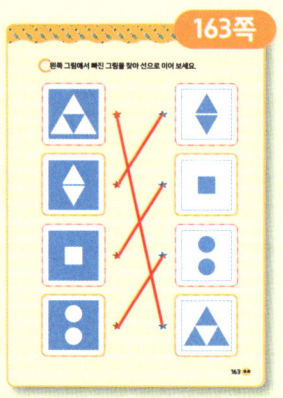

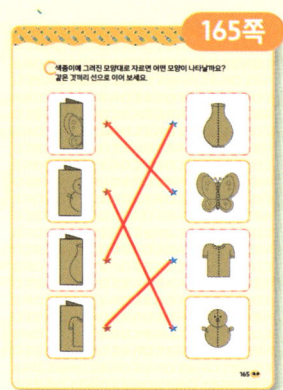

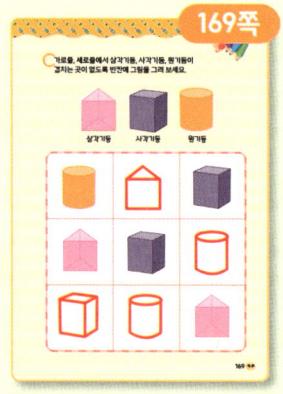

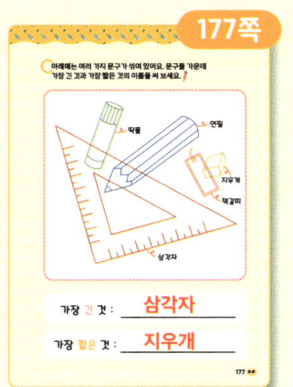

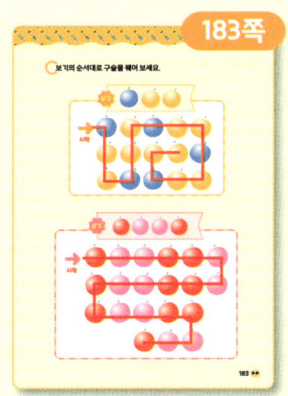
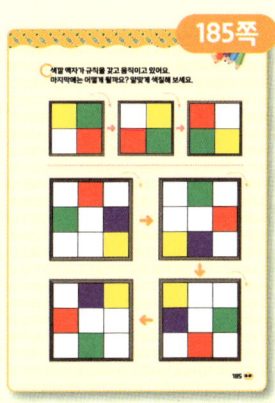

정답

부록. 재미있는 생활 속 수학

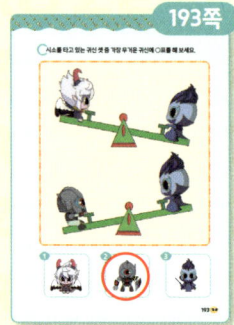

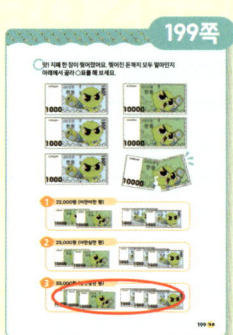

★ 출간 기념 이벤트 ★

Quiz
다음 중 수 세는 말을 바르게 한 귀신은 누구일까요?

- ▶ **참여 방법**
  ① 오른쪽 QR 코드를 스마트폰의 QR 코드 리더기로 스캔하기
  ② QR 코드 스캔 후, 링크로 접속하여
     <신비아파트 고스트볼 ZERO 수학 놀이 사전> 이벤트 참여하기
  ③ 이벤트 응모 정보를 꼼꼼하게 적어 제출하기

- ▶ **이벤트 기간**
  2023년 6월 30일 ~ 2023년 9월 16일

- ▶ **당첨자 발표**
  2023년 9월 21일 서울문화사 어린이책 카카오채널 게시글 공지